善行旅游

遗产旅游理念与行为准则

Good Tourism
New Ideas and Conducts of Heritage Tourism

邹统钎 主编

北京第二外国语学院中国"一带一路"战略研究院
北京第二外国语学院遗产旅游研究中心
联合研究成果

本成果获得以下基金项目资助：

1. 联合国教科文组织项目——善行旅游准则 [UNESCO-Good Tourism-Effective Approaches to Enhance Heritage and Human Development（2011-2014）]

2. 北京市教育委员会2014年长城学者培养计划项目《中国遗产保护与旅游开发协同机制》（编号：CIT&TCD20130302）

3. 北京市教育委员会2013年度创新能力提升计划项目（人文社科艺术类TJSHS201310031011）北京旅游形象国际整合营销与创新传播战略研究（2013-2015年）

4. 北京社会科学基金基地项目"一带一路"背景下京津冀旅游一体化战略研究（编号：15JDJGA006）

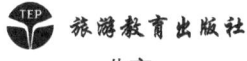

旅游教育出版社

·北京·

策　　划：赖春梅
责任编辑：巨瑛梅

图书在版编目（CIP）数据

善行旅游：遗产旅游理念与行为准则 / 邹统钎主编.--北京：旅游教育出版社，2016.4
　ISBN 978-7-5637-3358-3

Ⅰ.①善… Ⅱ.①邹… Ⅲ.①文化遗产—旅游业—研究—中国　Ⅳ.①F592

中国版本图书馆CIP数据核字（2016）第065821号

善行旅游：遗产旅游理念与行为准则
邹统钎　主编

出版单位	旅游教育出版社
地　　址	北京市朝阳区定福庄南里1号
邮　　编	100024
发行电话	（010）65778403　65728372　65767462（传真）
本社网址	www.tepcb.com
E-mail	tepfx@163.com
印刷单位	北京京华虎彩印刷有限公司
经销单位	新华书店
开　　本	710毫米×1000毫米　1/16
印　　张	11.25
字　　数	147千字
版　　次	2016年4月第1版
印　　次	2016年4月第1次印刷
定　　价	45.00元

（图书如有装订差错请与发行部联系）

目 录

第一章 善行旅游理念概述 ·········· 001

 第一节 善行旅游的提出背景 ·········· 002
 第二节 善行旅游的相关理论 ·········· 010
 第三节 中国国家政策中的相关内容 ·········· 024
 第四节 善行旅游项目的思路与研究方法 ·········· 026
 第五节 善行旅游项目的调研 ·········· 032

第二章 遗产保护与旅游开发协同机制理论综述 ·········· 035

 第一节 遗产相关理论 ·········· 036
 第二节 国际组织遗产管理框架 ·········· 040
 第三节 遗产保护与旅游开发 ·········· 049

第三章 善行旅游理论框架与行为准则 ·········· 061

 第一节 善行的东方哲学理论概述 ·········· 062
 第二节 善行旅游理念 ·········· 067
 第三节 善行旅游的行为准则 ·········· 071

第四章　中国世界遗产地善行旅游调研 ········· 075

　　第一节　九寨沟调研结果分析 ········· 077
　　第二节　平遥古城调研结果分析 ········· 089
　　第三节　都江堰-青城山调研结果分析 ········· 098
　　第四节　泰山调研结果分析 ········· 107
　　第五节　杭州西湖调研结果分析 ········· 115

第五章　中国世界遗产地善行旅游调研结果分析综述 ········· 123

　　第一节　遗产旅游地旅游发展现状 ········· 124
　　第二节　访谈报告总结 ········· 135

第六章　善行旅游："天人合一"的旅游伦理 ········· 143

参考文献 ········· 149

附　录 ········· 152

　　附录一　访谈提纲及问卷 ········· 152
　　附录二　善行旅游导则 ········· 169

后　记 ········· 176

第一章 善行旅游理念概述

第一节　善行旅游的提出背景

一、诞生与起源

"善行旅游"是在"生态旅游""绿色旅游""低碳旅游""替代旅游""负责任旅游"以及"可持续旅游"基础上提出的一个新概念,最初是由亚太旅游协会于2011年4月在协会成立60周年大会上提出的。

善行旅游的英文是Good Tourism,直译为"好的旅游"。当Good Tourism被翻译成"善行旅游"之时,"善行"二字回应了佛教与儒家文化中对人关于"善"的教化,为这个提法赋予了中国文化的特色。

然而,这个新兴的旅游概念所涉及的旅游管理者、经营者与消费者,尚未就其框架与内容达成共识。因此,在善行旅游作为一个概念被提出来之后,紧接着的挑战便是基于中国的实际情况,对善行旅游作出界定并提出可行的指导原则。鉴于中国在世界的崛起和中国旅游业的快速发展,联合国教科文组织正式立项启动"善行旅游"项目,组建由国内外科研单位及专业人员、旅游业专家与学者组成的专家小组,制订项目计划书。计划从2012年1月到2013年12月,联合旅游行业的管理者(政府部门和行业协会)、经营者、研究者和消费者,共同就中国文化和旅游背景下的"善行旅游"这一理念进行探讨论证,制作善行旅游框架与资料包,形成可操作性的指南性文件及配套的宣传材料,作为中国旅游业界与旅行者的行动指南,并将其经验通过联合国教科文组织、世界旅游组织、亚太旅游组织等平台向全世界推广。

二、善行旅游视角下的中国旅游业发展

《2014中国旅游业发展报告》显示:2013年中国出境旅游9819万人次,消费总额达5582亿元人民币,人数和消费总额均位列世界第一;入境旅游接待人次和收入同列世界第四位,成为全球第四大入境旅游目的地;国内旅游

总消费 26276.1 亿元人民币，同比增长 15.72%，成为全球最大的国内旅游市场国。

报告认为，旅游业为促进我国居民就业、吸引投资、GDP 增长作出了重要贡献。2013 年，我国旅游业提供了 0.64 亿个工作岗位，对就业增长的贡献度遥居世界第一；全年旅游业吸引了 1170 亿美元的投资，仅次于美国的 1457 亿美元，位列世界第二；旅游业直接或间接创造的 GDP 为 8501 亿美元，对 GDP 增长的贡献度排名世界第二，仅次于美国，远高于亚太地区和世界平均水平。

随着中国旅游业继续保持较快增长态势，中国旅游业不仅将成为中国国民经济重要产业，而且将对世界旅游业产生巨大贡献。据世界旅游组织（WTO）预测，到 2015 年，中国旅游总规模将达到 30 亿人次，中国将成为世界上第一大旅游接待国和第四大旅游客源国。①

在中国旅游业快速发展的宏观背景之下，善行旅游从所关注的遗产保护与人的发展的视角，归纳了以下中国旅游发展的态势。

（一）遗产旅游在旅游业发展中起到了多方面的突出作用

世界遗产作为中国旅游业发展的重要资源基础，不断带动与造就了中国一大批的著名旅游目的地。截至 2014 年 6 月，经联合国教科文组织审核批准列入《世界遗产名录》的中国的世界遗产共有 47 项（包括自然遗产 10 项，文化遗产 33 项，自然与文化遗产 4 项），含跨国项目 1 项（丝绸之路：长安—天山廊道路网）。在数量上居世界第二位，仅次于意大利（50 项）。这些遗产地既有北京故宫这样传统的著名旅游景点，更有丽江、张家界、平遥、九寨沟这些新兴的旅游目的地——这些十几年前在中国还非常陌生的地名，如今已经成为国内外知名的旅游目的地，在很大程度上要归功于世界遗产所带来的综合效益。世界遗产地的旅游业已经成为经济欠发达地区居民脱贫致富的重要产业。随着申报世界遗产的成功，当地知名度的提升，以及交通条件的大大改善，许多中西部地区的经济和社会发展得到进一步推动。通过世界遗

---

① 2014 中国旅游业发展报告：中国是最大的国内旅游市场国（http://hb.people.com.cn/n/2014/1215/c194063-23228805.html）.

产地旅游业的发展，许多地方充分认识到旅游业是一个富裕百姓的重要产业，是当地发展特色经济的重要组成部分之一。

（二）遗产地景区管理与经营模式存在一定的现实问题

世界遗产资源在中国旅游业的发展过程中发挥了多方面的积极作用，但是，在这个过程中，遗产地景区管理与经营模式存在一定的现实问题。

目前，中国绝大多数的世界遗产地的管理体制还是沿用计划经济体制下构筑的机制，基本属于社会公益事业的范畴，不能严格按企业来运作。当前，国家对世界遗产地资源保护的财政拨款有限，国际援助和社会赞助杯水车薪。管理经费和职工工薪部分靠财政拨款，部分靠自筹自支，有的完全实行自筹自支。在此情况下，大多数世界遗产地只能勉强维持现状和职工生计，谈不上有效保护和积极建设。

由于条块分割和政、企、事不分，机构臃肿，冗员众多，导致了许多地方世界遗产资源的闲置与浪费。同时，开发和经营中的无序、低效以致破坏，严重困扰着资源环境的保护和旅游业以及地方经济的发展，甚至出现了捧着世界遗产资源的金碗要饭吃的现象，宝贵的资源成为了财政的负担。

多头管理，多重目标。中国的世界遗产地依据其资源的状况，分别归建设、林业、环保、文化、文物、宗教、地质、旅游等部门行使管理权。在必要的情况下，还成立了相应的行政管理机构，如风景名胜区、国家森林公园、自然保护区管理委员会（或管理局）、文物管理委员会（或文管所）等，作为国家资源所有者代表实施管理权。世界遗产地名义上属于国家所有，但实际上中央、省、市、县、乡各级政府及其部门都能出面操作。往往在同一遗产地内，条块分割、各据一方，在地方、部门、单位、个人利益的驱动下，有法不依、执法不严，貌似建设、实为破坏，名为保护、实为垄断的现象极为常见。各个部门分别从各自不同的角度对世界遗产地实施管理，这些管理在一些环节上，有时会和地方利益发生冲突；部门之间由于工作角度不同，在一些问题的认识和处理上也经常有分歧。这些管理的交叉，使世界遗产地的管理难以实现理想化的管理总目标，而成为各种管理目标相互妥协的产物。

市场化运作过程中带来的部分消极影响。在中国社会主义市场经济体制的构建过程中，世界遗产地出现了部分遗产资源的市场化运作，尽管市场化的运作形式多种多样，其利弊问题还有很大争议；但是，由于中国经济处于剧烈的转轨时期，世界遗产地资源开发和管理的法规体系不够健全，在市场化的运作过程中，的确存在各种各样的问题。比如，世界遗产地当地居民的利益受到不同程度的损害；经营者无视政府的管理，片面追求经济效益，忽视世界遗产地的保护和作为公共资源的社会效益等。

利益分配机制有待理顺。世界遗产地的相关利益者呈现多主体化和多层次化，相互利益关系极为复杂。各相关利益者的利益要求不同，满足各自利益的方式与途径也不相同。在实际运行中，多元化的相关利益主体、多样化的利益需求、多方式的利益实现途径，构成了一个错综复杂的利益网络，各种矛盾的归结点在于利益的分配问题，就是各个利益主体在世界遗产地经营管理中义务和权利的分配问题。现实的情况往往是，对于保护、宣传、科研等公益性活动，各个利益主体都不愿意承担责任；但是，对于经营效益的分配则争夺非常激烈。这种局部和短期利益的争夺显然无法保障世界遗产地的保护和永续利用。

（三）游客旅游方式与行为发生了变化

1. 旅游者旅行方式的变化

随着我国旅游业的快速发展，旅游者的行为方式也发生了极大转变：相较于传统的大众旅游，散客旅游所占比重迅速上升；另一方面，国内居民出境游也快速增长，在国际旅游市场上产生了很深的影响。同时，旅游消费者的消费水平在不断提升，消费结构也趋于合理化。另外，旅游者素质也有明显提高。

随着经济的发展和人民生活水平的提高，以及闲暇时间的增多，旅游逐渐成为一种大众化的活动。与此同时，人们的出游方式也在悄悄发生转变：随着交通的便捷、私家车的普及、各种酒店等预订公司的繁荣发展，游客从传统的跟团游正在向自行出游方式转变，自由行、自助游和自驾游的客人越来越多。据国家统计局2014年2月24日发布的《中华人民共和国2013年国民经济和社会发展统计公报》显示，2013年国内游客32.6亿人次，比上年增长10.3%；国内旅游收入26276亿元，增长15.7%。

（1）在出境游方面。中国出境旅游处于快速上升通道，目前已有140多个国家和地区成为中国公民出境旅游目的地，中国已成为亚洲最大的出境旅游客源国。据2014年《中国出境旅游发展年度报告》显示，中国世界第一大出境旅游客源市场与第一大出境旅游消费国的地位进一步巩固。《报告》指出，2013 年，出境旅游规模 9819 万人次，同比增长 18.0%；出境旅游消费 1287 亿美元，同比提升 26.8%。《报告》预计 2014 年出境旅游规模 1.14 亿人次，同比增长 16%；出境旅游花费 1400 亿美元，同比增长 18%。截至 2015 年 1 月 1 日，共有 50 个国家（地区）对中国实行落地免签政策。中国出境旅游的发展将牵动世界旅游经济走向，中国在国际旅游合作、旅游经济统计、旅游服务贸易壁垒、低碳旅游等重要国际议题的话语权得到提升，中国旅游发展模式与经验在世界的影响日益扩大，以中国为主导的世界旅游合作将进一步深化。

（2）在旅游者素质方面。旅游者的素质及教育程度明显提高，中国旅游者，尤其是国际旅行者"不给小费，大声吵闹，不讲究卫生"的形象有所改善。但是，依然会有像"中国游客大闹泰国航班"等类似的新闻提醒着我们旅游者素质有待提升。

2. 旅游者旅游目的的变化

在大众旅游时代，人们的出游目的更多地停留在"表面经历"的阶段。这一阶段的旅游者追求的是"到此一游"的效果，对旅游目的地的要求是"可看、好看"。基于这种旅游诉求而形成的旅游目的地发展模式就是传统的"门票经济"模式。随着人们旅游阅历的不断丰富，越来越多的旅游者开始追求在旅游目的地深度体验，他们希望能够主动地走进旅游目的地，希望能够在旅游目的地停下来，能够参与或融入到旅游目的地的文化中去，有些人甚至希望能够在旅游目的地更长久地停留居住下来。因此，深度体验的出游诉求就要求旅游目的地能够从"可看、好看"上升到"耐看、再看"，能够挖掘出目的地的丰富文化底蕴，展现目的地与众不同的韵味，使游客觉得"真不虚此行"，而且让游客有一种想反复到这个地方来旅行的冲动。基于这种旅游诉求而形成的旅游目的地发展，强调的是旅游的综合性带动功能和广泛的融合性作用，强调的是旅游发展所带来的包括经济效应、文化效应、社会效应、环境效应等多种效应在内的综合效应。

3. 社区居民在旅游产业中的参与方式与程度逐步加深

1997 年 6 月，由世界旅游组织、世界旅游理事会与地球理事会联合制定颁发的《关于旅游业的 21 世纪议程》明确提出，旅游业可持续发展应将居民作为关怀对象，并把居民参与旅游活动当作旅游发展过程中的一项重要内容和不可缺少的环节。《关于旅游业的21世纪议程》是我国旅游业实施可持续发展的纲领性文件。在它的指导下，为了实现旅游业可持续发展这一战略目标，居民参与旅游活动在中国旅游研究中逐渐引起了政府和学术界的关注。中国国家旅游局于1995年开展的创建"中国优秀旅游城市"活动，充分体现了我国旅游目的地建设重视社区居民参与的思想。1998年，在评选首批中国优秀旅游城市时把社区形象的树立和维护、社区服务功能及服务设施的完善、社区管理及服务水平的提高纳入评选指标与内容。2004年和2006年中国推出的旅游主题分别是"中国百姓生活游"和"中国乡村游"，其目的就是通过"游客走进百姓生活，百姓参与旅游活动"来促进旅游发展中的社区居民参与行为，带动乡村的全面发展。随着中国政府执行"以人为本"的科学发展观和构建协调发展和谐社会的要求，旅游地发展更加关注旅游给目的地居民的生活质量带来的影响变化和居民的社区参与行为，居民自身对于旅游的参与度也更加深入，主要表现在以下方面：

（1）更多地参与到规划和决策的过程，规划和决策都有公示的程序。

（2）主动参与到旅游地的经营与管理中，很多遗产地都会聘用当地居民作为管理员工。

（3）参与有关旅游知识和技能的教育培训，自觉树立环保观念，提高在旅游发展中的生存能力。

（4）参与旅游发展的利益分配过程。当地居民通过各种经营形式、经济活动给自身带来经济收益，旅游经营所获得的收入可以在很多家庭间共享。

（5）旅游发展带来公共设施的改善（如改善了水系统、村落的道路等）。

（6）旅游行政管理部门在政策上和财政上保障当地村民的权益，包括制定保护居民从事旅游经营活动的法规条例，从法律上承认其经营的合法性，规范其经营服务质量，为居民开展经营活动提供补助资金，协调金融机构提供低息贷款等。

三、在中国研究并提倡"善行旅游"的意义

在中国研究及提倡善行旅游的目的，旨在基于中国的文化与发展情况，提出适合东方文化及发展经验的旅游理念，并以此影响管理者、社区和旅游者的行为，使其有意识地通过旅游发展促进遗产保护与人的发展。

(一) 基于中国文化背景的善行旅游理念

儒家思想代表了中国社会一般民众的核心价值观,并在世界上成为中国文化的代表和民族传统的标记。儒家的旅游观,如"近游思想、远游思想、重民传统、尚古意识"对古代乃至现代的旅游者的旅游动机、旅游行为都产生了潜移默化的影响。例如:安土重迁、不喜远游崇尚近游;将山水与不同思想修养、气质特点、个性品格紧密联系起来,使山水人格化、气质化。又如道教主张"天人合一""乘物以游心",认为人是自然的一部分,并称这种人与自然的统一为"天和"。这些理论深深影响着中国人的心理状态、思维方式和精神面貌。受中国传统文化的影响,中国旅游审美文化视域中的"山水景观"由单纯的自然山水升华为"人文山水"。传统山水旅游美学的特征就是把人的哲学精神"物化"为自然山水的人格精神意象,借助山水来消解种种现代精神的烦恼和痛苦,使困顿苦寂的心灵得以萌春和复苏。中国山水旅游以哲学思维去指导人们从自然宇宙观中,获取审美情感、伦理道德、人生价值、思想境界的哲学精神力量。

此外,儒家的"与民同乐""民贵君轻"的思想也渗透在中国旅游文化之中。孟子认为,贤者与民同乐,故能乐其乐;而不贤者虽有池沼等游乐对象,因其不能与民同乐,故快乐难以持久(《孟子·梁惠王上》)。一部中国旅游文化史,始终贯串着这一重民传统。在中国历史上,由于这种"与民同乐"思想的熏陶,产生了一大批将仁政实施与旅游开发结合进行的地方官,如柳宗元、白居易、欧阳修、苏东坡、范仲淹等,他们把旅游看成政治的一部分,不肯脱离政治来谈旅游。

目前,比较有代表性的旅游研究理论及旅游草案,如生态旅游、负责任旅游等,往往是起源和形成于西方,而后被东方引用和借鉴的。在西方研究系统下发展的旅游理论往往带有西方文化的色彩,难以完全适合东方的发展及文化特征。作为四大文明古国之一的中国,拥有悠久的历史,丰富、多样且独特的旅游资源。不仅如此,中国在长期的发展积淀过程中,形成了独具特色的中国旅游文化。旅游发展在中国有其生成、发展的土壤和历史。对中国旅游文化影响最大的儒、道、佛三家的旅游思想,以其各自的文化风格影响着中国旅游文化的形成与发展、遗产的保护与开发,并潜移默化地影响着中国旅游者的观念和行为。研究中国旅游,能够发掘东方传统哲学与文化中关于自然、历史与人和谐发展的智慧与经验，对当代人的旅游行为带来启示，并有利于对东方文化的保护和尊重。

（二）善行旅游与遗产保护

在中国研究并倡导"善行旅游"对中国的遗产保护有重要的意义。中国的遗产地数目众多，其中仅世界遗产就有47项，数量仅在意大利之后，位列世界第二。遗产旅游在中国旅游资源中占有很大比重，数量众多的国家级风景名胜区、国家重点文物保护单位、国家级自然保护区、国家森林公园、国家湿地公园、国家地质公园、国家水利风景名胜区以及加入世界人与生物圈保护网的自然保护区、世界地质公园等，都是国家自然遗产或者国家文化遗产的重要组成部分，它们在国家自然、文化资源的保护体系中均发挥了不可或缺的作用。在中国遗产旅游发展研究过程中，将一些遗产地管理部门的创新性最佳实践系统化、理论化，能够为更多的遗产地旅游管理部门提供可以复制的成功经验。鉴于中国的国情与体制，中国旅游遗产地的保护与开发也面临一系列特殊问题，如何解决这些问题，以及解决这些问题的原则和思路，对其他地区的遗产地开发保护工作具有参考价值。

（三）善行旅游与人的发展

中国是世界上最大的发展中国家，且社会正处于关键转型期，旅游业的发展也处于关键转型期。2013年3月，国务院编制出台了《国民休闲旅游纲要》，标志着政策层面的新思路——通过旅游和休闲活动提升个人和家庭的幸福指数，推动人与经济社会的全面、协调、可持续的发展。

善行旅游的概念呼应了这种思路，通过关注旅游发展中的"人的发展"的问题，体现了旅游发展中对民生和福祉的关怀——提升旅游者的身体和心理素质，提高相关旅游从业者的生活水平和综合素质，改善旅游目的地社区居民的生活条件，促进遗产地的教育、科研、公共服务等方面的发展。

过去的旅游理念，不管是绿色生态旅游还是可持续旅游，都更关注游客与资源环境的关系。诚然，这相对于旅游发展之初只关注游客个人享受的旅游方式迈进了一大步，但对旅游所涉及的其他相关者利益的影响没有更多体现。因而，"善行旅游"是在更综合的层面、以更人性化的角度来审视旅游业的发展。这种均衡需要包括旅游涉及的方方面面。

（1）关注游客从旅游中获得的全面享受。这不仅仅是指游客感官上的享受，也包括游客旅游技能的提高，丰富经验、增长见识、开阔眼界，对不同文化、风俗习惯采取包容和理解的态度，对当地居民及其价值观念予以尊重。游客从旅游中收获的是整体的畅爽经验；旅游既是难忘的风景风情之旅，也是分享、传播知识的过程以及自身成长成熟的过程。

（2）关注当地居民的利益。旅游的发展不应只服务于游客，它对当地居民的社会、文化等方面的影响也不容忽视。旅游一方面能够促进当地的经济收入、就业、医疗卫生等设施的改善，另一方面也带来交通、物价上涨等方面的压力。善行旅游重视居民的发展和利益的维护。

（3）关注从业者素质的提高。旅游从业者是旅游质量的重要指标，也是在旅游业最前线的服务者和旅游展示者。善行旅游必然能给从业者一个充分发挥才能的空间，同时获得合理的报酬。从业者素质的提高也是旅游者满意的重要前提。

（4）关注相关利益者的发展。善行旅游的研究为行业管理部门、经营者、研究者等提供有益的交流平台，让他们能进行有效沟通，从而做好各个方面的衔接并从旅游整体中受益。

（5）善行旅游的研究也关注历史文化的保存和发扬。丰富的旅游资源是地区历史文化的重要载体，尤其是遗产文化更是承载了重要的历史文化内涵。善行旅游的研究是开放的、面向未来的、更具灵活性的研究，为的是让更多的人感受旅游资源之上承载的文化与文明，以实现古今的对话、不同文化环境的共鸣。

第二节　善行旅游的相关理论

一、利益相关者理论

"利益相关者（stakeholder）"是一个来自管理学的概念。1984年，弗里曼在《战略管理：利益相关者管理的分析方法》一书中，明确提出了利益相关者管理理论。利益相关者管理,是指企业的经营管理者为综合平衡各个利益相关者的利益要求而进行的管理活动。利益相关者是指"任何能影响组织目标实现或被该目标影响的群体或个人"[①],包括股东、债权人、雇员、供应商、消费者、政府部门、相关社会组织、社会团体、周边社区等。利益相关者管理理论认为,任何一个公司的发展都离不开各种利益相关者的投入或参与,企业不应该是只为股东的利益服务,而是应该为受企业决策影响的诸多利益相关者服务。利益相关者理论既不同于只考虑供应商和消费者的生产观念,也不同于只关注所有者、员工、供应商和消费者的传统管理观念;而是将政府、社区以及相关的政治、经济和社会环境乃至非人类的因素如自然生态环境等纳入其中,将企业的社会责任和管理紧密联系起来的一种全新观念。

国外旅游研究者率先将"利益相关者(stakeholder)"一词引入旅游领域,并运用于旅游规划与管理问题的研究之中。有两个重要因素促成了旅游研究者将利益相关者引入旅游研究领域:其一,对旅游发展中的平等参与、民主决策、公平分享、公平分担等问题的日益关注,尤其是对社区与社区居民参与旅游规划与管理决策、公平分享旅游利益与公平分担旅游负面影响等问题的关注。旅游管理中的这些与社会责任、公平伦理有关的问题与利益相关者理论强调管理的社会责任和伦理是相呼应的。其二,旅游行业的高度分散性与竞争日益剧烈的环境下旅游目的地要求整合资源增强竞争力的矛盾。众所周知,旅游中涉及的各个组织或群体来自不同行业和部门,具有分散性和复杂性。令问题更为复杂的是,这些组织或群体各有其目标和利益指向,很多时候,这些目标和利益指向是相互冲突、难以协调和动态变化的。与此同时,随着新兴旅游目的地不断出现,旅游目的地间竞争日益加剧,而旅游目的地竞争力取决于众多方面,其中,成功整合旅游中各参与方的分散力量和资源无疑可以形成协同效应,增强旅游目的地的竞争力。因而,旅游目的地的规划和管理需要一个概念和理论,借此可以建立整合这些分散力量和资源的机制,而利益相关者理论和分析具有这方面的价值。[②]

---

① Freeman R Edward. Strategic Management: A Stakeholder Approach[M]. Boston: Pitman Publishing Inc., 1984:46.
② 周玲. 旅游规划与管理中利益相关者研究进展 [J]. 旅游学刊,2004,6(19):53-54.

二、可持续旅游

可持续旅游的提出直接受可持续理论的影响,是可持续发展思想在旅游领域的具体运用。大众旅游浪潮中,旅游业急剧膨胀、繁荣背后引发的危机日益暴露,许多人对旅游业是"无烟工业"的提法表示质疑。旅游业作为以服务、精神消费为内容的高层次消费,对环境有很强的依赖,旅游天然地要求有好的环境。因此,旅游具有实现可持续发展的内在动力,应成为可持续发展理论实践的先行领域。现代可持续发展的思想的提出,源于环境恶化与资源枯竭等问题而引起的对传统发展方式的反思。1987年世界环境和发展委员会(WECD)发表的《我们共同的未来》(*Our Common Future*),对可持续发展的定义为"既满足当代人的需求又不危及后代满足其需求的发展"。这个定义鲜明地表达了两个基本观点:一是人类要发展,尤其是穷人要发展;二是发展有限度,不能危及后代人的发展。

1. 可持续发展的基本内容

(1) 强调首先要发展

"人类需求和欲望的满足是发展的主要目标",发展是人类永恒的主题,是人类共同的、普遍的权利和要求。这里的发展包括经济、社会和自然环境在内的多种因素的共同发展。

(2) 强调持续性

即生态经济发展的持续性。一方面,经济增长必须在保持自然资源及其所提供服务质量的前提下,使经济利益的增加达到最大限度。另一方面,要求人类对生态环境的利用必须限制在生态环境的承载能力之内。

(3) 强调公平性

可持续发展满足全体人民的基本需求和给全体人民机会以满足他们要求较好生活的愿望。给世界以公平的分配和公平的发展权,要把消除贫困作为可持续发展进程的特别问题来考虑。

(4) 强调共同性

观念源于人类生活在同一地球上,地球的完整性和人类的相互依赖性决定了人类有着共同的根本利益。

2. 可持续旅游的目标

1990年，在加拿大温哥华召开的"全球可持续发展大会"旅游组行动策划委员会会议上，提出了旅游业发展的目标：

(1) 增进人们对旅游所产生的环境、经济效应的理解，强化其生态意识；
(2) 促进旅游的公平发展；
(3) 改善旅游接待地的生活质量；
(4) 向旅游者提供高质量的旅游经历；
(5) 保护上述目标所依赖的环境质量。

三、绿色旅游

选择性旅游由第三世界旅游同盟（ECTWT）定义为：在不同社会成员之间促进一种公正的旅游方式的过程。它致力于在各个参与者之间取得相互理解、团结和平等。其中，"绿色旅游"是选择性旅游的一种，它与乡村旅游有一定联系，具有自然旅游的环境兼容性，对目的地有很小或没有生态影响。对旅游者来说，绿色旅游不仅是享乐体验，而且是一种学习体验；不是单纯地利用自然环境，而是依靠自然和旅游的并行关系在对自然带有敬畏感和环保意识的基础上进行的旅游。

绿色是生命之色，生命呼唤着绿色。从某种意义上说，绿色是现代人类文明的重要标志。当今世界，"绿色"往往用来比喻"环境保护""回归自然""生命"等，而"绿色旅游"只是一种比喻的说法，是用来指导旅游企业在旅游环境管理方面的发展方向，它可以理解为与可持续发展类似的概念，即指在为社会提供舒适、安全、有利于人体健康的产品的同时，以一种对社会、对环境负责的态度，合理利用资源，保护生态环境。因此，所谓绿色旅游，是指包括旅游者、饭店、景点管理者、旅行社和导游在内的旅游参与者在整个旅游过程中的各个环节都必须尊重自然、保护环境。

绿色旅游是以认识自然、保护自然、不破坏自然生态平衡为基础的，是经济发展、社会进步、环境保护的综合体现，它需要经营者和旅游者共同提高环保意识。现阶段，中国旅游企业的建设和发展需要考虑对环境的破坏要最小，经营过程中资源和能源的消耗要尽可能最低，向顾客提供绿色的旅游产品，并能积极参与环境保护和旅游资源保护的活动，处理好保护与开发、利用的关系，从而达到社会效益和经济效益的"双赢"。同时，作为旅游者，在旅游消费时也应当具有环保意识，爱护环境，进行绿色消费。

绿色旅游有别于传统的旅游类型。作为一种新型的旅游形态，它不仅具有观光、度假、休养的功能，还具有科学考察、探险和科普教育等多重功能，使得旅游蕴含的内在功能更加丰富，作用也不断提升。对旅游者来说，绿色旅游增加了旅游者与自然亲近的机会，深化了人们对生活的理解。随着绿色营销、绿色消费浪潮的来临，绿色旅游将得到进一步发展。绿色生活浪潮正成为国际环保高水准国家或地区的社会热点。随着环保意识的增强，在中国大力发展绿色旅游，实施绿色认证制度，将成为越来越多企业和游客追求的时尚潮流。

综上所述，绿色旅游是一种以自然环境为资源基础，运用绿色理念，坚持绿色管理，倡导绿色消费，以保护生态环境和合理使用旅游资源，具有强烈环保意识的一种旅游活动。绿色旅游是以农村、渔村、山村的现实生活为文化资源宝库，既是保护和利用自然环境与乡村传统文化为出发点而促使经济发展的一种旅游开发模式，也是现代可持续发展旅游的一种最佳方式。

四、生态旅游

国际生态旅游协会对生态旅游的定义为：生态旅游是为了解旅游地环境、文化与自然历史知识等而有目的地在自然区域所进行的旅游活动，这种旅游活动的开展旨在保护原有的自然生态环境，同时创造更多经济发展机会，使当地居民受益。

（一）生态旅游的发展层次

生态旅游的发展，最根本的是在观念层次上的转变，其次是需要制度层次的保障，而这种发展模式最终则要落实到技术层次上来实现。

1. 观念层次

"培养人们对环境和文化的理解"是生态旅游的内在目标。生态旅游不仅是一种有别于大众旅游和其他旅游形式的旅游产品，更是一种理念和一种道德约束。

2. 制度层次

(1) 生态旅游法规政策

目前,我国已制定的一些与旅游密切相关的环境保护法律法规有《环境保护法》《森林法》《文物保护法》《野生动植物保护法》等。但是,我国尚未有一部专门的生态旅游法来规范和保障生态旅游的相关事宜。

(2) 企业道德准则

如加拿大旅游企业不仅为企业员工制定道德准则,还向游客宣传负责任的旅游理念,包括:承诺通过我们热情而细心的员工为我们的顾客提供一流的服务及优质的经历;在我们的顾客、员工、股东及社区中倡导欣赏、尊敬我们的自然及文化遗产的风气,尊敬我们社区的价值观及愿望,在提供服务与设施时尽量促进社区的认同感、自豪感及美感,提高社区居民的生活质量等。

3. 技术层次

(1) 旅游环境承载力

旅游环境承载力,是指旅游目的地生态系统在产生不可察觉的至少是能够恢复的生态变化之前的旅游数量。它是衡量旅游环境与旅游发展是否协调的重要依据。通过研究旅游环境承载力,能分析评价区域旅游开发潜力并掌握区域旅游业发展的优势和关键性限制因素,并能为区域旅游部门制定旅游业可持续发展战略提供理论支持和科学指导。

(2) 旅游生态足迹

旅游生态足迹,是指在一定时空范围内,与旅游活动有关的各种资源消耗以及吸收其产生的废弃物所必需的生物生产性土地,即把旅游过程中旅游者消耗的各种资源和产生的各种废弃物吸收用被人容易感知的面积进行表述。生态足迹分析法从资源的供给和需求角度来分析旅游环境承载力,其计算结果直观明了,计算方法可操纵性强,具有区域可比性,可以较好地揭示自然资源和经济发展之间的关系。

(3) 生态旅游认证与生态标识

生态旅游认证是指通过建立一系列相应的规范与标准体系对生态旅游进行评估,并对达到标准要求的生态旅游予以一定形式的承认(如授予生态标识),借此促进生态旅游经营者改善其服务环境,实现其作出的对自然和社会负责的承诺,从而促进生态旅游的可持续发展。

生态旅游认证的意义包括以下几个方面:生态旅游认证的实施有助于加

强政府对生态旅游景区的指导与管理；生态旅游认证所要求达到的标准能够为生态旅游产品供应商提供生态旅游资源开发与经营管理的依据与指导规范；生态旅游认证所颁发的生态标识（Eco-labels）可以影响旅游者对其旅游相关活动的决策，使旅游者在选择旅游经营者、度假村、饭店和其他旅游服务提供者时作出正确的抉择，有助于引导生态旅游产品消费者购买真正"绿色"的旅游产品。

目前，国外著名的生态旅游认证项目包括：绿色环球21（Global Green 21）、澳大利亚NEAP全国生态旅游认证项目、加拉帕戈斯群岛Smart Voyager认证项目、欧洲"蓝旗"可持续旅游认证体系、危地马拉生态旅游与可持续旅游认证体系、哥斯达黎加的可持续旅游认证体系等。

绿色环球21是目前唯一的全球性旅行旅游业可持续发展的标志。绿色环球21一共有4个标准：绿色环球21企业标准，绿色环球21社区标准，绿色环球21国际生态旅游标准以及绿色环球21设计与建筑标准。绿色环球21实施国际生态旅游标准的目的是，为了增强旅游企业/景区对环境和社会的责任感，以及让公众了解旅游企业、景区对环境与社会和谐发展的承诺。目前，中国通过绿色环球21企业标准认证的有四川九寨沟国家级自然保护区、四川黄龙国家级风景区、四川三星堆遗址博物馆、四川蜀南竹海国家级风景区、浙江世界贸易中心大饭店、深圳圣延苑酒店以及九寨天堂国际会议度假中心等。

澳大利亚NEAP认证的主要特点包括：集中于自然区，解说（包括解说的可获得性、信息的准确性、解说规划、工作人员的意识和理解、工作人员的培训）；环境可持续性（包括工作人员的责任、知识和意识，应急措施、环境规划和影响评估、排水、土壤和水质管理、建筑方法和材料、视觉影响、采光和照明、废水处理、噪声、空气质量、垃圾最小化处理、能源利用、建筑，对野生动物、海洋哺乳动物的影响最小，各种活动以及交通设施的影响最小化）；使当地社区受益（包括和当地社区一起工作、对当地社区最小影响、社区参与）；文化尊重；消费者满意；负责任的市场营销等。

（二）生态旅游的基本模式

在不同的社会经济条件和文化背景下，许多生态旅游目的地都探索出了行之有效的实践方法。尽管各种实践方法有所不同，但基本模式都包含以下三种：

1. 社区参与

生态旅游的最终目的除了要促进自然环境的保护外，也要使当地居民受益，因此，社区参与对于生态旅游的发展也至关重要。

2. 环境教育

将提高当地社区的旅游者的自然生态环境保护意识作为生态旅游的主要目标，将旅游与环境科普相结合，使公众亲近自然、了解自然、欣赏自然、向自然学习并接受教育；在规划设计中，使旅游设施与活动对环境的负面影响最小并有助于自然保护，强调各种旅游项目有利于防止可能导致的环境问题的出现。

3. 生态环境补偿

通过发展生态旅游，将部分旅游收入返还，用于旅游区的生态恢复或保护；旅游经营单位通过缴纳一定的环境消耗补偿费，解决环境保护经费不足问题。这一发展模式在西方已经得到很好的实施，但在中国离真正的实施还有一定距离。

（三）生态旅游的十条准则

准则一：参观有保护价值的目的地，要做好计划，参与保护项目。

准则二：轻装旅游，减少携带物品，因为携带的物品可能会成为旅游目的地的垃圾。

准则三：旅游前尽可能了解目的地的自然、居民以及他们的文化与环境诉求。

准则四：雇用当地声誉好且有目的地保护意识的导游。

准则五：挑选自然友善的住宿。

准则六：尽可能使用火车或巴士等交通方式以减少旅游交通碳排放。

准则七：选择当地蔬菜，尽量不食用濒危物种。

准则八：不购买濒危物种的纪念品，不引进外侵物种。

准则九：野生动物观赏是难以忘却的体验，但为了它们和你的安全，尽可能不要打搅野生动物。

准则十：保持与目的地新朋友的关系，成为地方保护组织的成员。

五、低碳旅游

"低碳旅游"概念的正式提出，最早见于 2009 年 5 月世界经济论坛《走向低碳的旅行及旅游业》的报告。该报告根据世界旅游业以及航空、海运和陆路运输业的联合调查写成。报告显示，旅游业（包括与旅游业相关的运输业）碳排放占世界总量的 5%，其中运输业占 2%，纯旅游业占 3%。

低碳旅游是指在旅游系统运行过程中，应用低碳经济理论，以低能耗、低污染、低排放为原则开发和利用旅游资源与环境，实现资源利用的高效低耗与对环境损害最小化的全新旅游发展方式。低碳旅游是一种深层次的环保旅游，它有以下两个方面的含义：

1. 旅游生产的低碳化

针对旅游产业而言，低碳旅游实际上是在经济领域对旅游产业的一场深刻的能源经济革命。宾馆饭店、景区景点、乡村旅游经营户等旅游生产企业应积极利用新能源新材料，广泛运用节能节水减排技术，实行合同能源管理，实施高效照明改造，减少温室气体排放，积极发展循环经济，进而推动旅游产业的升级，带动旅游产业以及下游产业的技术进步，提高整个产业链的资源生产率，最终达到在低资源消耗、低能源需求的前提下取得更好的经济发展的目标。

2. 旅游消费的低碳化

针对旅游消费者而言，低碳旅游首先是一种低碳化的生活方式，在旅行中尽量减少碳足迹与二氧化碳的排放，比如个人出行中携带环保行李、住环保旅馆、选择二氧化碳排放较低的交通工具等。同时，对于旅游者而言，低碳旅游还是新技术、新理念的体验，比如参与碳中和旅游活动，既是一种享受，也是一种责任。

六、负责任旅游

对"负责任旅游"这个论题的探究是由旅游活动过程中所产生的负面影响引起的。第二次世界大战后出现的以大规模客流为特征的"大众旅游"，在给人们生活带来更多享受的同时，也给旅游目的地带来了前所未有的问题。

从20世纪20年代开始，有关旅游业发展的利与弊、功与过的问题便不断成为人们关注和讨论的热点话题（Young，1972）[①]。

理想的旅游发展是利用区域旅游资源吸引游客，既为游客提供旅行游览方便又对资源没有太大损害，同时旅游目的地居民的物质和文化生活能真正得到改善。最初对旅游影响的研究大多集中在负面影响，并试图从测算容量、分区规划和游客流量引导等方面找到解决问题的答案。

随着对全球贫困、社会不公、经济和环境不公等问题关注的升级，无论是旅游者的活动还是旅游业的开发经营活动都被要求对接待地环境、社会和经济的可持续发展负责。游客被鼓励"带走的只有照片，留下的只有脚印"。在非洲和南美，出现了植物清洁周、海龟保护度假、追踪印加人的踪迹等旅游活动，这些被视为负责任的旅游行为因其具有减少旅游负面影响的作用而日益受到推崇。随即旅行社也推出负责任旅游的产品，并制定负责任的公司政策；一些国家制定负责任的旅游行动指南，并在有旅游专业的高等院校开设负责任旅游管理课程，逐渐形成了对负责任旅游问题的研究体系。负责任旅游要研究的问题涉及为什么要负责任、责任性依托的场所和主体是什么、旅游行为主体负责任的对象等，并通过对这些问题的回答与实践，力图找到解决旅游负面影响的良好机制。

从20世纪60年代提出"负责任旅游"原则到目前，国外对"负责任旅游"问题的研究经历了原则阶段、产品阶段以及政策和制度阶段三个时期。每一个阶段对该问题的研究不仅是在原有学科基础上的推进与深化，而且是不同学科在这个问题上的相互融合，体现了旅游研究多学科交叉的特点。

（一）负责任旅游原则阶段的研究

负责任旅游原则阶段开始于1965年。这年，黑策（N. D. Hetzer）在分析旅游活动对自然和社会旅游资源的不当利用造成环境和社会的负面效应时，用生态学的理念提出了旅游应该对自然生态环境和旅游目的地负责任的四个原则（Weaver，2001）[②]，用于指导旅游开发时如何做到对环境的负面影响最

[①] 李天元. 中国旅游可持续发展研究 [M]. 天津：南开大学出版社，2004:46.
[②] Weaver D B. Ecotourism in the Context of Other Tourism Types[A]//Weaver D B. The Encyclopedia of Ectourism. Wallingford: CABI Publishing, 2001.

小，同时使得旅游者的需要满足程度最大化，并力求使旅游目的地社区利益最大化。这个原则主要包括保护性和责任性两个基本特征，强调发展旅游不仅要对环境负责，还要对游客和旅游目的地居民负责。但在当时旅游对环境的影响还不十分突出，旅游所造成的社会问题尚不十分明显的情况下，这个原则并没有在当时的旅游开发和管理实践中被迅速而广泛地应用。

（二）负责任旅游产品阶段的研究

负责任旅游产品阶段形成于20世纪70年代末80年代初。在这个阶段，大众旅游使旅游发展与生态环境的矛盾日益突出，人们开始重新审视负责任旅游的原则，认为传统的大众旅游存在种种弊端，必须寻求另一种对资源环境影响不大、对旅游目的地负责的旅游模式来"替代"传统大众旅游。80年代，克里彭多夫（Krippendorf，1982）提出替代旅游作为一种与传统大众旅游相对的旅游形式[①]。其他学者提出了一系列类似的词语，如"恰当的旅游""生态旅游""软性旅游""负责任旅游""人性化旅游""有节制的旅游""小规模旅游""租住乡间小别墅旅游"和"绿色旅游"等，这些都被视为对环境负责任的旅游方式。同时，责任性的观念在一些替代性旅游的定义中得到明确，其中最典型的负责任旅游产品是生态旅游。世界生态旅游学会（IES）1991年对生态旅游的定义是，"在自然区域里进行的、保护环境同时维护当地人福利的负责任的旅游"。韦斯顿（Western，1993）对生态旅游的定义亦含有责任的概念，"生态旅游是将对自然的郑重承诺和强烈的社会责任感结合在一起的负责任的旅游"。[②]

（三）负责任旅游政策和制度层面的研究

对负责任旅游政策和制度层面的研究开始于20世纪80年代末。这个时期可持续发展理论的出现使负责任旅游原则中除保护以外的其他几个方面也得到认识和发展，并通过产品开发、政策和行为准则制定以及旅游规划和市

---

① Krippendorf J. Towards New Tourism Policies–The Importance of Environmental and Sociocultural Factors[J]. Tourism Management, 1982(3):135-148.

② Western D. Defining Ecotourism [A]//Lindberg K, Hawkins D E. Ecotourism: A Guide for Planners and Managers. North Bennington,Vermont: The Ecotourism Society, 1993.

场营销等形式得到进一步的加强和贯彻。尤其是 90 年代以后，旅游研究的各个领域均对责任性有所涉及。除在产品形式方面继续推进外，还在旅游目的地的旅游发展战略、市场营销、旅游规划、企业经营运作的实践等方面有所加强。

七、公益旅游

公益旅游是一种将志愿服务融入旅游行程的综合性社会活动。公益旅游起源于 20 世纪 70 年代的海外留学浪潮。当时，许多旅游者反感福特式消费主义，希望利用间隔年（gap year）和短暂工作休假（career break）进行身心调适，在旅途过程中反思人生意义和价值观，获得一种有意义的旅游体验。在此时代背景下，公益旅游开始盛行。80 年代的生态旅游浪潮，90 年代的志愿者假期浪潮，促进了公益旅游在全球范围内的逐渐流行，推进了公益旅游的发展。伴随着公益旅游的发展，国外学术界对于这种特殊的社会行为开展了广泛的研究。

美国学者韦尔林（S. Wearing, 2001）最早提出公益旅游的概念，这也是被引用最为广泛的概念之一：旅游者因为各种原因，以一种被组织的方式作志愿者活动来度假，它包括援助和减轻社会中某些群体的物质贫穷，某些环境的恢复，对社会或环境问题的研究。[1] 沙耶韦斯（R. Scheyvens, 2002）认为，公益旅游是正义旅游的一种形式，因为来自西方国家的人愿意花钱帮助第三世界国家的发展或者是做一些保护性的工作，他们希望通过旅游来做一些有意义的事情，而不仅仅是得到一时的快乐。[2] 罗杰斯（M. Rogers, 2007）认为，公益旅游是旅游者在游览过程中对目的地社会作出贡献的一种旅游方式。[3] 另外，一些在公益旅游行业具有权威性的机构也对公益旅游的概念作了界定。公益旅游机构（Voluntourism.org）认为，公益旅游从广义上讲是为了实现服

---

[1] Wearing S. Volunteer Tourism: Experiences that Make a Difference [M]. Cabi, 2001.
[2] Scheyvens R. Tourism for Development: Empowering Communities [M]. Pearson Education, 2002.
[3] Rogers M. Voluntourism is on the Rise [J]. Travel Agent, 2007, 331(3): 20—24.

务意向而前往目的地从事服务所获得的体验；从狭义上讲是在目的地将志愿服务与涉及文化、地理、历史、娱乐等内容的传统旅游有机整合在一起的体验。全球志愿者网（Globalvolunteer.com）认为，公益旅游是从传统的冒险旅游和文化旅游中分离出来的一种旅游形式，其目的在于服务，进而亲自了解目的地文化。

公益旅游可以是公益的旅游，也可以是旅游的公益。公益的旅游，是以公益活动为出发点，在开展公益活动的过程中，顺带发生旅游行为；而旅游的公益，则是在旅游行程开展过程中进行公益活动。这两者的差异表现为行程的侧重点不同。就公益旅游而言，应该以旅游为出发点，研究在旅游行程中发生的公益行为。由此，综合国内外学者对于公益旅游概念的界定，公益旅游可以从以下几个属性进行理解：(1) 公益旅游在归属上应该是旅游行为，它兼公益属性，但以旅游为主，公益虽然居于次要地位，但同样不可或缺。(2) 公益旅游的吸引物不限于对"美"的追求，在吸引物上应该外延。传统的旅游往往是受到吸引而前往异地的，旅游是个追求愉悦的过程；但是，今天的旅游活动越发复杂，旅游者价值观的呈现具有多样性，旅游者对于弱势环境中群体的慈悲或对于社会的责任感也是驱使其前往异地开展公益旅游活动的重要原因。例如，绿色和平组织邀请国际名人在环境污染地开展宣传活动，吸引大量游客前往参观，以引起社会对于环境保护的关注。(3) 公益旅游行程包含旅游和公益慈善两个部分，结果具有利己和利他双重属性。行程中，旅游者会通过一定的活动实现旅游体验，这一部分表现为利己的目的；同时旅游者会通过一定的公益慈善行为来促进目的地的可持续发展，这表现为利他属性。另外，公益行为富于意义也能丰富旅游者的体验。

八、可替代性旅游

可替代性旅游（Alternative Tourism）也被称为选择性旅游，或非大众旅游，这是相对于传统的大众旅游而提出的概念。可替代性旅游是一种新型的可替代传统大众旅游的旅游模式，这种旅游模式可以保证对旅游目的地的文化、社会和自然环境不造成破坏性的影响，能够促进旅游者和目的地居民之间的平等互惠关系，维护当地居民的利益和促进当地经济社会的良性发展。

学者克里彭多夫（J. Krippendorf）于1982年提出"可替代性旅游"的概念，其理念强调"确保旅游政策不再只注重于经济需求，而要更关注保护原始环境，考虑当地居民的需求"；强调在旅游开发和规划时优先考虑自然和文化资源，而不是最后考虑；强调增加当地社区居民的权力和主动决策能力，而不是被外来者控制其权力。[1]

关于可替代性旅游的概念，学术界一直存有争论，因为可替代性旅游内涵丰富，包括旅游者数量质量、旅游活动内容、市场细分、旅游影响等，所以针对不同内涵进行描述，就会有不同的定义。有学者认为，可替代性旅游是选择居住在当地居民家中，并获得居民提供的服务，创造游客与居民交往机会，增进双方了解[2]。第三世界旅游联盟（ECTWT）认为，可替代性旅游是旅游利益相关者而不单是旅游者通过精心组织的旅游活动而实现一种以团结、平等为基础的共赢结果。学者科恩（E. Cohen）认为，可替代性旅游是对大众旅游的现代消费主义的反思，是针对探险者、漂泊者的新型旅游角色，他们与当地社区接触，参与社区的小型项目。[3]

与大众旅游相比，可替代性旅游主要有以下特点：第一，人流较少，限制旅游人数，控制旅游活动规模，避免给目的地环境带来压力；第二，活动形式多样化，灵活性强，旅游者可以根据自己的兴趣和爱好选择旅游形式；第三，选择游客密度小的特色旅游目的地，尤其是原生态目的地，并将一次旅游活动的目的地限定在较小的范围，以便于旅游者充分亲近目的地和体验当地的特色；第四，强调旅游者与旅游经营者对社会和环境的责任意识，旅游目的地开发遵循可持续发展理念；第五，积极推动旅游者与当地居民的接触和沟通，增进双方的理解和相互尊重；第六，旅游产品价格相对较高，给旅游目的地带来更好的经济效益。从具体的产品形态看，目前常见的可替代性旅游有生态旅游、探险旅游、文化旅游、乡村旅游、农业旅游、工业旅游、科学旅游、教育旅游等。

---

[1] 吴波，桑慧. 非大众型旅游起源、概念及特征 [J]. 旅游学刊，2000(3):51.
[2] 许嵩龄. 简论对"Alternative Tourism"的理解与翻译 [J]. 中国人口·资源与环境，2002(1):128.
[3] Weaver D B. 生态旅游 [M]. 杨桂华，等译. 天津：南开大学出版社，2004:2.

第三节　中国国家政策中的相关内容

一、《国务院关于加强文化遗产保护的通知》（2005年）

2005年《国务院关于加强文化遗产保护的通知》规定，从2006年起，每年六月的第二个星期六为我国的"文化遗产日"。《通知》的内容主要涉及对文化的实体遗产和非物质遗产的保护，指出文化遗产保护所面临的突出问题，明确保护工作的路径，并从领导责任、法制建设、资金保障、人才建设和宣传等方面提升地方政府和全社会对文化遗产的保护意识与工作水平。

二、《中国非物质文化遗产法》（2011年）

《中国非物质文化遗产法》为保护非物质文化遗产提供了法律保障。该法规定对非物质文化遗产代表性项目集中、特色鲜明、形式和内涵保持完整的特定区域，当地文化主管部门可以制定专项保护规划，报经本级人民政府批准后，实行区域性整体保护；确定对非物质文化遗产实行区域性整体保护，应当尊重当地居民的意愿，并保护属于非物质文化遗产组成部分的实物和场所，避免遭受破坏。

三、《国务院关于加快发展旅游业的意见》（2009年）

在这份文件中，国务院着重强调了各地方应注重旅游业更好更快的发展。意见强调应倡导文明健康的旅游方式，促使游客养成良好的旅游习惯，珍惜当地的旅游资源。相关内容摘要如下：

倡导文明健康的旅游方式。在全社会大力倡导健康旅游、文明旅游、绿色旅游，使城乡居民在旅游活动中增长知识、开阔视野、陶冶情操。景区景点、宾馆饭店和旅行社等旅游企业要通过多种形式，引导每一位旅游者自觉按照《中国公民国内旅游文明行为公约》和《中国公民出境旅游文明行为指南》文明出行、文明消费。旅游者要尊重自然，尊重当地文化，尊重服务者，抵制不良风气，摒弃不文明行为。出境旅游者要维护良好的对外形象，做传播中华文明的使者。

四、《旅游资源保护暂行办法》（2007年）

该办法指出，各景区应该切实加强对旅游资源的保护，尤其是遗产型资源，更应该加强保护，同时应加强宣传工作，提升游客的保护意识。该办法还提出旅游资源保护的原则："旅游资源保护坚持严格保护、开发服从保护的原则，实现协调监管、合理利用、科学发展的目标。"

五、《中华人民共和国文物保护法》（2007年）

《文物保护法》明确了文物保护的类型和具体措施，为保护旅游遗产地和其相关的实物遗产提供了具体的法律规范，使各级各部门在保护实物遗产时能够做到有法可依，切实保护珍贵的遗产资源。相关内容摘要如下：

> 国务院文物行政部门主管全国文物保护工作。地方各级人民政府负责本行政区域内的文物保护工作。县级以上地方人民政府承担文物保护工作的部门对本行政区域内的文物保护实施监督管理。县级以上人民政府有关行政部门在各自的职责范围内，负责有关的文物保护工作。各级人民政府应当重视文物保护，正确处理经济建设、社会发展与文物保护的关系，确保文物安全。基本建设、旅游发展必须遵守文物保护工作的方针，其活动不得对文物造成损害。

六、《中华人民共和国旅游法》（2013年）

《旅游法》对旅游的相关内容都作了明确规定，体现了三大特色：综合法、人本法（以保障旅游者合法权益为主线）、衔接法（充分与现行法律和国际通行做法衔接）。

随着我国社会经济的不断发展和人民生活水平的日益提高，旅游日益成为我国人民的重要需求和生活的组成部分，旅游越来越关系到大众的切身利益和根本利益。《旅游法》从公共政策角度全面审视，将旅游福利纳入公共福利政策范畴，使之成为重要的民生福祉。

第四节　善行旅游项目的思路与研究方法

一、善行旅游项目的思路

善行旅游强调把旅游作为促进遗产保护与经济价值提升的一个工具，与此同时推进经济、社会和人的发展。为了实现这一目标，旅游的利益相关者群体需要对善行旅游形成一个共同的愿景并采取协调与平衡的行动。考虑到利益相关者群体在旅游发展的长期与短期利益上存在着诸多差异，可以预计项目执行面临的挑战主要有以下两个方面：

一是如何协调与平衡来自旅游经营管理者、自然与文化遗产保护者、当地社区与旅客等不同利益相关方面的诉求，并就旅游发展中关于遗产保护和人的发展问题形成一个多方认同的愿景——善行旅游的定义与框架。

二是如何在现有的旅游实践中发现有共性的、有推广与借鉴价值的经验，并以此形成有可操作性的善行旅游的指导方针。

为应对以上所述的两个挑战，善行旅游项目所设计的第一项活动即为调研与调查活动——收集全面的、关于中国旅游发展现状的信息，以及以世界遗产地和海南省为样本的关于不同利益方诉求及旅游发展实践的一手数据，以支撑后续的评估分析与结论。

项目调研评估活动将按照特定标准挑选出遗产地旅游点和区域样本，它们代表不同类型的遗产地、旅游类型和经济社会发展水平。调研将对当地旅游发展的规划与管理、遗产保护和阐释、社区参与、合作模式、面临的挑战、经验与教训进行评估，形成报告，以备为起草善行旅游定义与框架所用。

二、善行旅游项目的启动

鉴于善行旅游项目的创新与实验性质，现有的旅游文献与调研成果远远无法支撑善行旅游定义、框架与指南的制定。正因为如此，联合国教科文组织邀请感兴趣的旅游点积极参与项目的试点评估活动，分享信息、观点、经验与最佳实践。这些内容将为项目最终产品的产出作出重要的贡献。

联合国教科文组织驻华代表处文化处与海南三道圆融旅业有限公司（呀诺达文化旅游）达成合作意向，计划利用两年左右的时间开展"善行旅游"的基础调研、理论建设与试点宣传。呀诺达景区是善行旅游的第一个合作景区（点），并成为善行旅游项目的启动点。

善行旅游项目的启动地点之所以选择在海南呀诺达雨林文化旅游区，主要原因如下：

（一）海南国际旅游岛建设契机

联合国教科文组织选择海南作为政府层面的合作对象，基于海南建设国际旅游岛上升为国家战略。联合国教科文组织驻华代表辛格先生曾致函海南省政府领导，表示希望在实施善行旅游项目进程中与海南省国际旅游岛建设中形成战略合作关系。

（二）与海南旅游发展愿景及需求契合

海南正在大力推进国际旅游岛建设，通过旅游要素的全面提升改造，形成以旅游业为龙头、现代服务业为主导的特色经济结构，逐步将海南建设成为生态环境优美、文化魅力独特、社会文明祥和的开放之岛、绿色之岛、文明之岛、和谐之岛，成为"中外游客的度假天堂，海南人民的幸福家园"。这是一个宏伟的长远规划和重大的发展战略。在此过程中，海南面临着如何平衡旅游资源开发与保护、如何提升旅游产品文化内涵、如何提升旅游从业人员素质、如何保持游客与当地百姓之间和谐关系以及如何实现在旅游开发中对当地少数民族文化的保护和传承等重要课题。

(三）呀诺达雨林文化旅游区生态背景

呀诺达雨林文化旅游区是海南省唯一一家推荐的全国 50 家低碳旅游区之一，呀诺达也是中国首家赞助联合国教科文组织项目的企业，因此被联合国教科文组织选定为"善行旅游"项目基础调研点之一，成为"善行旅游"项目对生态保护发展、文明服务、文明旅游的基础调研平台和项目启动点。"善行旅游"项目成果将被命名为"善行旅游实施操作指南"。

鉴于联合国教科文组织在遗产保护、社会福祉与人的思想发展方面的特殊使命，本次"善行旅游"项目的立意选择以遗产保护与人的发展为切入点，力求通过对旅游文化及旅游实践的调研探索，特别是梳理、总结有代表性的旅游点的发展与成功经验，倡导在旅游实践中承认文化多样性、保护脆弱的文化与自然资源、合理利用这些资源实现当地社区的可持续发展以及不同文化特征的表达。

三、善行旅游项目的研究方法

（一）文献综述

通过在中国知网学术文献中搜索篇名为"旅游发展"的核心期刊，获得 1464 篇文献；通过搜索篇名为"旅游影响"的核心期刊，获得 77 篇文献。对检索得到的 1541 篇第一手的研究文献进行分类总结和归纳分析，对中国旅游发展和旅游影响的研究进行文献综述。

（二）专家研讨

召开国内专家的研讨会，与会专家从各自熟悉的领域认真地分析了中国旅游业发展的现状，目前存在的问题，特别是就旅游发展影响的各个方面交流了自己的意见和建议。研究团队通过深入参与专家研讨，组织讨论议题，获得大量丰富的访谈数据。

（三）实地调研

调研将针对两类基本地点：一类是列入世界遗产名录的地点，以便项目提出有效的世界遗产地可持续旅游发展导则；第二类是以丰富的自然文化资源为核心旅游资源的新兴旅游区域，以便项目考量区域层面的相关建议，并提出适应更广范围的遗产与人的善行旅游发展指南。

1. 针对世界遗产地的选点标准

（1）自然遗产地、文化遗产地或混合遗产地。

（2）鉴于文化遗产地在中国的世界遗产地总数中占的比重较大，项目在调研中会有意识地偏重文化遗产地。

（3）为了包含文化遗产地的各子类别，选中的文化遗产地应该包括文化景观和历史名城。

（4）为了理解中国旅游发展的特殊性和游客行为，调研将考虑在中国文学、古典哲学和旅游史料中有集中体现，并在中国历史和文化中具有特别重要地位的遗产地。

（5）调研地的地理分布应涵盖中国的东北部、中部、西部、南部，并代表典型的经济社会发展阶段与水平。

2. 针对区域样本的选点标准

（1）样本地要有区域旅游整体发展战略。

（2）样本区域旅游发展战略需具有国家级优先性。

（3）样本区域需拥有基于丰富自然文化资源的多样化旅游。

3. 通用的选点标准

（1）当地旅游发展目标符合善行旅游愿景，即旅游需对遗产保护和人的发展有益。

（2）当地愿意为项目调研提供一切所需资料和信息。

（3）当地愿意分享以旅游发展促进遗产和人的发展的经验和教训。

（4）当地对善行旅游定义的制定有兴趣，并愿意为后续的善行旅游框架和指导原则的测试提供支持。

4. 调研地选择

经专家提名，项目组成员多方讨论和调研地意向确认，最后确定选择的调研地如下：

表 1-1　善行旅游项目实地调研地

调研点	地理位置	选择理由
泰山	山东省泰安市	世界遗产：自然、文化混合遗产
西湖文化景观	浙江省杭州市	世界遗产：文化遗产，文化景观类型
平遥古城	山西省平遥市	世界遗产：文化遗产，古城镇类型
九寨沟	四川省阿坝藏族羌族自治州九寨沟县	世界遗产：自然遗产
青城山-都江堰	四川省都江堰市	灾后世界遗产，文化遗产
海南省旅委	海南省海口市	海南国际旅游岛战略发展
呀诺达热带雨林	海南省保亭县	新兴雨林旅游目的地，海南省国际旅游岛战略重点项目之一

（四）调研具体步骤

1. 联系调研地

先由联合国教科文组织协助联系调研地的归口管理单位，介绍善行旅游项目、邀请调研地参加调研活动、确认调研地同意参加，并协调调研地与调研团队对接的日期及后勤安排。

2. 预调研及调研团队培训

为了保证调研的效果，调研组会先进行预调研，以便测试回答问卷的时间，以及可能遇到的问题，并对此作出相应的调整。前往调研地之前，领队教授对调研团队进行培训。

3. 展开调研

由调研团队 4 人在调研地调研 3 日，每个调研地发放及回收 240 份调研问卷。调研团队将准备一份小纪念品，以示感谢。

（五）调研分析框架

1. 问题层次

宏观来讲，访谈与问卷涵盖的问题层次有以下三个：

（1）不同的旅游利益相关团体的观念有怎样的共同点和差异？

（2）不同的利益相关团体对于善行旅游的愿景和目标看法一致吗？它们的利益诉求存在什么样的共性与差异性？

(3) 不同的利益相关者是否已经在不同程度上有善行旅游的相关实践与创新？这些经验可以被总结出来，并推广与复制吗？

2. 建议的调研分析框架

(1) 旅游的影响：从整体把握与分析目前中国的旅游发展中，旅游如何对遗产保护以及人的发展产生影响、产生了什么样的影响，以及不同利益群体对这些影响的感受与认知。

(2) 不同于常用的以旅游者人数及消费为主的旅游指标，识别可以用于衡量旅游对遗产保护与人的发展影响的定性/定量指标，如对善行旅游框架和指标进行测试：

①遗产保护指标：当地自然与文化资源质量（生物多样性、文化多样性、自然景观、文化景观、遗产的真实性与完整性）。

②社区发展指标：当地社区发展状况（配套基础设施建设、居民收入、医疗、教育与性别平等发展）。

③遗产旅游指标：自然与文化资源作为当地旅游发展核心吸引力在旅游活动中的价值体现（目的地规划、当地自然历史文化介绍与讲解、旅游线路与旅游产品设计与提供）。

④社区满意指标：社区居民对当地开发旅游的满意度（经济发展、基础建设及配套资源、生态环境、人文环境、文化交流）。

⑤游客满意指标：旅游者对景点的满意度（生态环境、自然/文化遗产、自然/文化景观、旅游配套资源、深度体验项目、停留时间、社会/文化交流、旅游消费构成）。

⑥从业者满意指标：旅游从业人员（主要对象为规划者、管理者、旅游顾问、讲解与导游、旅游者关系、安保等群体为主）对本职工作的认同感（当地旅游发展愿景、旅游发展规划、旅游项目、工作绩效评价体系）。

基于每一个调研试点，寻找与总结当地旅游发展活动在善行旅游项目范畴内共同面对的挑战、经验与值得推广与借鉴的最佳实践，如经验与实践基础。

⑦合作模式：当地管理与规划的磋商机制（如何形成当地的旅游发展愿景及发展规划、旅游部门与社区的互动机制）。

⑧旅游经营经验：当地旅游接待的挑战与经验（当旅游者数量超过最佳接待人数时，如何平衡淡季旺季的旅游者人数；接待团队游、自助游及国际旅游者的针对性方案；旅游景点标识/解说/讲解）。

⑨行业管理模式：促进旅游从业人员践行善行旅游项目所倡导的目标的已有经验（激励机制、评价体系、管理创新）。

第五节　善行旅游项目的调研

在各调研地，调研评估活动主要采用两种形式：与当地主要利益相关方代表召开座谈会，以及使用针对旅游者、社区居民和旅游从业者的三套问卷进行调研。

本次调研中所用的座谈会提纲和针对从业者、游客和当地居民的问卷主要从以下四个板块采集他们对当地旅游发展以及善行旅游期待的主观评价与意见：对本地旅游资源和管理状况的评价，对本地旅游发展对当地自然、文化资源保护及社会发展的评价，对本地旅游体验的评价，对未来旅游发展的期待。

一、座谈会

参与者主要是遗产地旅游主要利益方代表（旅游发展、遗产保护、环境保护、服务行业、社区）和海南省旅委，主要目的是采集定性数据，搜集关于当地旅游管理、遗产保护和人的发展的官方统计资料。访谈问题清单在调研前先知会被调研的主体，以便对方根据题目内容收集现有的相关的文件与报告。与座谈对象的会谈时间控制在 2 个小时之内。

二、问卷调查

项目团队针对旅游者、居民以及景区经营者三个不同的群体设计了三套问卷。因为这三类群体所关注的点以及感受会有所不同，三套问卷包含了一部分相同的问题，便于比较，同时也有一部分不同的问题，用于考察三个群体视角的差异。每套问卷包括衡量答卷者态度的 5 点李克特量表（Likert

Scale）问题，以及考察他们具体观点的半开放性问题。每套问卷的李克特量表部分的答卷时间控制在 10～15 分钟。

整个问卷采用了 5 点李克特量表测量人的心理，相比简单的选择题，问卷更为复杂，会对问卷的获取带来相当的难度；但是，在研究的结果上，更接近于真实，更便于分析各要素的相关性以及潜在的因果关系、测量多维度的复杂概念和态度。李克特量表是属评分加总式量表最常用的一种，属同一概念的这些项目是用加总方式来计分的，单独或个别项目是无意义的。该量表由一组陈述组成，每一陈述有"非常好""比较好""基本赞同""中立/不知道""比较不好""非常不好"五种回答，分别记为 1、2、3、4、5。每个被调查者的态度总分就是他/她对各道题的回答所有分数的加总，这一总分可说明他/她的态度强弱或他/她在这一量表上的不同状态。

与此同时，考虑到李克特量表在描述态度结构差异方面的弱点，问卷还设计了一部分半开放式问题以了解测量人在相关问题上认知与态度结构的共性及差异性。

设计访谈问题与调研问卷的主要依据是"调研分析框架"中所描述的内容，但根据受众所掌握的不同类型及层面的信息，加以重新解构与设计。

三、答卷者概况

（一）游客问卷

问卷针对个人及团体旅游者发放，并注意保持性别和年龄的均衡分布。另外，应编写简化版本的问卷，以便在网上吸引大众作答。

（二）社区居民问卷

问卷针对社区居民发放，无论他们是否参与了旅游业；发放问卷时需要注意保持性别和年龄的均衡分布。

（三）旅游从业人员问卷

问卷在旅游地管理部门的帮助下发放。建议参与的人员请见"起草调研分析框架"部分。需要鼓励直接与游客沟通互动的从业者参与调研，包括导游、讲解员、景区标识系统和特别游客项目的负责人。

第二章 遗产保护与旅游开发协同机制理论综述

第一节 遗产相关理论

一、遗产

《现代汉语词典》对"遗产"的解释为：①死者留下的财产，包括财物、债权等。②泛指历史上遗留下来的精神财富或物质财富（商务印书馆，2012）。《新牛津英语词典》中，对遗产（heritage）的解释是：继承或可被继承的财产，通常指有价值的物品或品质，如历史建筑，未破坏的乡村，前辈留下的文化传统……（Oxford，1998）。

二、世界遗产

世界遗产（World Heritage）是一项由联合国支持、联合国教育科学文化组织负责执行的国际公约建制，以保存对全世界人类都具有杰出普遍性价值的自然或文化处所为目的。世界遗产分为自然遗产、文化遗产和复合遗产三大类。世界遗产的选出，是由联合国教科文组织世界遗产委员会按照真实性与完整性的标准公开投票决定的。国际文化纪念物与历史场所委员会等非政府组织作为联合国教科文组织的协作组织，参与世界遗产的甄选、管理与保护工作。选出世界遗产的目的在于呼吁人类珍惜、保护、拯救和重视这些地球上独特的景点。

三、《保护世界文化和自然遗产公约》

1965年美国倡议将文化和自然联合起来进行保护。世界自然保护联盟在1968年也提出了类似的建议，并于1972年在瑞典首都斯德哥尔摩提交联合国人类环境会议讨论。1972年11月16日，联合国教科文组织在法国巴黎通过了《保护世界文化和自然遗产公约》（*Convention Concerning the Protection of the World Cultural and Natural Heritage*）（以下简称《世界遗产公约》）。该公约即为联合国就申报遗产是否被列入《世界遗产名录》进行考核的标准。

四、《保护非物质文化遗产公约》

20 世纪下半叶以来，非物质文化遗产的保护逐渐成为一个国际性问题。相关的国际组织，尤其是联合国教科文组织（UNESCO），为此做了许多工作，实施了各项计划，并通过了一些相关的文件。2003 年 9 月 29 日至 10 月 17 日，联合国教科文组织大会第三十二届会议在巴黎举行，10 月 17 日会议通过了《保护非物质文化遗产公约》（以下简称《公约》）。这是一项关于非物质遗产保护的重要的国际公约，也为各成员国制定相关国内法提供了国际法依据。《公约》的宗旨如下：

（1）保护非物质文化遗产。

（2）尊重有关群体、团体和个人的非物质文化遗产。

（3）在地方、国家和国际一级提高对非物质文化遗产及其相互鉴赏的重要性的意识。

（4）开展国际合作及提供国际援助。

公约规定，在满 30 个国家申请加入公约后，公约才能生效。2006 年 1 月 20 日，罗马尼亚成为第 30 个缔约国。根据公约第 34 款规定，它于 3 个月后生效。6 月 29 日，与会的 45 个缔约国经投票选举产生了由 18 个国家组成的首届保护非物质文化遗产政府间委员会。

五、自然遗产

《世界遗产公约》规定，属于下列各类内容之一者，可列为自然遗产（Natural Heritage）：

（1）从美学或科学角度看，具有突出、普遍价值的由地质和生物结构或这类结构群组成的自然景观。

（2）从科学或保护角度看，具有突出、普遍价值的地质和自然地理结构以及明确划定的濒危动植物物种生态区。

（3）从科学、保护或自然美角度看，具有突出、普遍价值的天然名胜或明确划定的自然地带。

提名列入《世界遗产名录》的自然遗产项目，必须符合下列4项中的1项或几项标准：

（1）构成代表地球演化史中重要阶段的突出例证。

（2）构成代表进行中的重要地质过程、生物演化过程以及人类与自然环境相互关系的突出例证。

（3）独特、稀有或绝妙的自然现象、地貌或具有罕见自然美的地带。

（4）尚存的珍稀或濒危动植物物种的栖息地。

六、文化遗产

《保护世界文化和自然遗产公约》规定，属于下列各类内容之一者，可列为文化遗产（Cultural Heritage）：

（1）文物：从历史、艺术或科学角度看，具有突出、普遍价值的建筑物、雕刻和绘画，具有考古意义的成分或结构，铭文、洞穴、居住区及各类文物的综合体。

（2）建筑群：从历史、艺术或科学角度看，因其建筑的形式、同一性及其在景观中的地位，具有突出、普遍价值的单独或相互联系的建筑群。

（3）遗址：从历史、美学、人种学或人类学角度看，具有突出、普遍价值的人造工程或人与自然的共同杰作以及考古遗址地带。

提名列入《世界遗产名录》的文化遗产项目，必须符合下列6项中的1项或几项标准：

（1）代表一种独特的艺术成就，一种创造性的天才杰作。

（2）能在一定时期内或世界某一文化区域内，对建筑艺术、纪念物艺术、城镇规划或景观设计方面的发展产生极大影响。

（3）能为一种已消逝的文明或文化传统提供一种独特的至少是特殊的见证。

（4）可作为一种建筑或建筑群或景观的杰出范例，展示出人类历史上一个或几个重要阶段。

（5）可作为传统的人类居住地或使用地的杰出范例，代表一种（或几种）文化，尤其在不可逆转之变化的影响下变得易于损坏。

（6）与具特殊普遍意义的事件或现行传统或思想或信仰或文学艺术作品有直接或实质的联系。只有在某些特殊情况下或该项标准与其他标准一起作用时，此款才能成为列入《世界遗产名录》的理由。

七、非物质文化遗产

非物质文化遗产（Intangible Cultural Heritage），根据联合国教科文组织《保护非物质文化遗产公约》的定义，是指"被各群体、团体或个人视为其文化遗产的各种实践、表演、表现形式、知识和技能及其有关的工具、实物、工艺品和文化场所"。根据公约，非物质文化遗产包括以下5个方面：

（1）口头传说和表述，包括作为非物质文化遗产媒介的语言。
（2）表演艺术。
（3）社会风俗、礼仪、节庆。
（4）有关自然界和宇宙的知识和实践。
（5）传统的手工艺技能。

八、生态旅游与生态旅游者

"生态旅游"这一术语，是由世界自然保护联盟（IUCN）于1983年首先提出的。1993年，国际生态旅游协会将"生态旅游"定义为：具有保护自然环境和维护当地人民生活双重责任的旅游活动。生态旅游的内涵更强调的是对自然景观的保护，是可持续发展的旅游。当时就生态旅游给出了两个要点：其一，生态旅游的物件是自然景物；其二，生态旅游的物件不应受到损害。20多年来，生态旅游保持20%的年增长率，是旅游产品中增长最快的部分。

生态旅游是指在一定自然地域中进行的有责任的旅游行为。为了享受和欣赏历史的和现存的自然文化景观，这种行为应该在不干扰自然地域、保护生态环境、降低旅游的负面影响和为当地人口提供有益的社会和经济活动的情况下进行。生态旅游发展较好的西方发达国家首推美国、加拿大、澳大利亚等国。这些国家的生态旅游物件从人文景观和城市风光转为世界自然保护联盟生态旅游特别顾问、墨西哥专家谢贝洛斯·拉斯喀瑞所指定的"自然景物"，即保持较为原始的大自然。这些自然景物在其国内定位为自然生态系统优良的国家公园，在国外定位为以原始森林为主的优良生态系统。不少发展中国家成为生态旅游目的地，其中，加勒比海地区和非洲野生动物园成为生态旅游热点区域。

人类居住环境的恶化及全球性环境问题的出现、人类环境意识的觉醒、环境保护运动的发展、传统大众旅游机制的滞后及所面临的挑战等一连串问题，使人们认识到，生态旅游必然地肩负着保护环境的重任，涉及政府、经营者、旅游者和当地居民等组织与团体的行为。而作为生态旅游活动的主体——生态旅游者，其作用与地位十分重要与关键，即自觉保护环境，做合格的负责任的生态旅游者。

生态旅游者是旅游者生态意识不断提高的产物，是生态旅游活动的主体，是生态旅游形成和发展的关键性因素。生态旅游者不同于大众化旅游的传统旅游者，他们往往具有生态意识和环保意识，主动与当地居民交流，对旅游服务要求低，乐于学习当地文化，并积极参与环境保护。

第二节　国际组织遗产管理框架

一、联合国教科文组织

（一）组织介绍

联合国教育、科学与文化组织（United Nations Educational, Scientific and Cultural Organization，简称 UNESCO），是一个联合国专门机构，成立于 1945 年 11 月 15 日，总部设在法国巴黎。组织之宗旨在于通过教育、科学及文化来促进各国之间的合作，对和平与安全作出贡献，以增进对正义、法治及联合国宪章所确认之世界人民不分种族、性别、语言或宗教均享人权与基本自由之普遍尊重。联合国教科文组织通过以下五个领域组织活动：教育、自然科学、社会与人文科学、文化、传播与信息。联合国教科文组织的宗旨是"利用教育、科学、文化、沟通及信息，为建立和平、消除贫穷、可持续性发展及跨文化对话而努力"。

联合国教科文组织赞助的计划有文学、技术及教师培育、国际科学计划、独立媒体及新闻自由的提升、区域性及文化历史计划、促进文化多样性、世界文学的翻译、保护文化遗产与自然遗产（世界遗产）及保护人权等。其他的重点工作包括全民教育及终身学习、提出新出现的社会及伦理挑战、借由信息及沟通来促进文化差异，以及建构包容性的文化社会。

（二）世界遗产委员会

联合国教科文组织下设文化遗产和自然遗产的政府间委员会，即世界遗产委员会（World Heritage Committee）。世界遗产委员会成立于1976年11月，由21名成员组成，负责《保护世界文化和自然遗产公约》的实施。委员会每年召开一次会议，主要决定哪些遗产可以录入《世界遗产名录》，并对已列入名录的世界遗产的保护工作进行监督指导。委员会成员每届任期6年，每两年改选其中的1/3。世界遗产委员会主席团由7名成员构成，主席团每年举行两次会议，筹备委员会的工作。

（三）工作内容

1972年11月16日，联合国教科文组织大会第十七届会议在巴黎通过了《保护世界文化和自然遗产公约》（《世界遗产公约》）。根据该公约，设立了世界遗产委员会和世界遗产基金（World Heritage Fund）。

第一届世界遗产委员会于1977年召开，会上通过了工作原则和方法，世界遗产委员会主要进行下列三项工作：

第一，审议确定由缔约国申报要求列入世界遗产名录的项目，并提交缔约国代表会议通过并公布。

第二，管理世界遗产基金，审定各缔约国提出的财政和技术援助的申请项目。这笔资金主要来自缔约国固定向联合国教科文组织所缴纳会费的1%的款项和缔约国以及其他机构和个人的资源捐献。

第三，对已经列入世界遗产名录的文化、自然项目的保护和管理情况进行监测，以促进其保护与管理水平的改善和提高。

（四）遗产保护贡献

第二次世界大战结束后，各国的战后重建及迅猛如潮的现代化建设给人居环境和文化遗产造成巨大破坏。《世界遗产公约》旨在建立一个依据现代科学方法制定的永久有效的制度，共同保护具有突出的普遍价值的文化和自然遗产。公约要求缔约国应该承担的保护义务，包括《世界遗产公约》(1972)、《保护无形文化遗产公约》(2003) 等，还提出一系列的建议指导文化遗产保护工作。除主持世界遗产的保护工作外，联合国教科文组织还关注世界各地的文化遗产保护。2001 年，联合国教科文组织制定了确保在亚洲背景下遗产地保护原真性的专业导则——《会安协议》；2002 年，又帮助非洲制定了《非洲世界遗产与可持续发展》。

二、世界自然保护联盟

（一）组织介绍

世界自然保护联盟（International Union for Conservation of Nature，简称 IUCN），是一个以保护自然环境为宗旨的国际组织。该联盟于 1948 年在瑞士格兰德（Gland）成立。由全球 120 多个政府组织、超过 800 个非政府组织、1 万多名专家及科学家组成。IUCN 是个独特的世界性联盟，是政府及非政府机构都能参与合作的少数几个国际组织之一。

（二）机构设置

(1) 世界自然保护大会（World Conservation Congress）。由世界自然保护联盟（IUCN）全体成员参加的世界自然保护大会，每 4 年召开一次，是联盟的最高层管理机构。大会制定整个联盟的政策，通过联盟的工作计划，并选举联盟主席及理事会成员。

(2) 联盟成员的国家委员会和地区委员会。联盟的政府成员及非政府成员可在某个国家或者地区成立委员会。这些国家及地区委员会在确定各个项目的优先顺序、协调各项规划和成员关系、执行各项规划方面，正发挥出越来越大的作用。

(3) 理事会。理事会由联盟主席、司库、选举出的 24 位地区理事、6 个专家委员会主席以及增选的 5 位理事组成。理事会指导秘书处贯彻落实世界自然保护大会通过的各项政策和规划，并且在大会休会期间，代表联盟全体成员每年举行一次或两次理事会。

(4)专家委员会。IUCN辖下分别有6个专家委员会,由1万多名来自不同领域的专家组成,负责评估世界自然资源,为IUCN提供咨询服务。6个专家委员会包括:物种存续委员会(Species Survival Commission,简称SSC)、世界保护区委员会(World Commission on Protected Areas,简称WCPA)、环境法律委员会(Commission on Environmental Law,简称CEL)、教育及宣导委员会(Commission on Education and Communication,简称CEC)、环境经济社会政策委员会(Commission on Environmental, Economic and Social Policy,简称CEESP)、生态系统管理委员会(Commission on Ecosystem Management,简称CEM)。专家委员会主席由联盟全体成员在世界自然保护大会上选出,并在理事会中担任理事。目前,这6个专家委员会有多达1万名专家致力于世界自然资源保护事业,他们活跃在大约180个国家。

(5)秘书处。IUCN秘书处为联盟全体成员服务,并负责贯彻落实联盟的各项政策和项目。总部设在瑞士并在一些国家有派出机构。

(三)工作内容

IUCN旨在影响、鼓励及协助全球各地的社会保护自然的完整性与多样性,并确保在使用自然资源上的公平性及生态上的可持续发展。联盟提供坚实的科学知识和雄厚的技术,并考虑政治及文化因素,包括调解冲突及与团体和机构合作的社交技巧。

IUCN在拯救濒危动植物物种、建立国家公园和保护区、评估物种及生态系统的保护并帮助其恢复等自然保护的传统领域处于领先地位。同时,IUCN在传统领域之外也有所发展。在地球上的许多地方,联盟认为自然资源的可持续利用是保护自然的良好方式,这种方式使得为满足其基本需求而利用自然资源的那些人成为保护自然资源的卫士。联盟所保护的环境包括陆地环境与海洋环境。联盟集中精力为森林、湿地、海岸及海洋资源的保护与管理制定各种策略及方案。联盟在促进生物多样性概念的完善方面所起的先锋作用已使其在推动生物多样性公约在各国乃至全球的实施中扮演着重要角色。

(四)遗产保护实际贡献

物种存续委员会(SSC)有700名会员,是联盟在物种保育工作中的技术顾问,推行受绝种威胁的物种的保育工作。SSC及几个物种评估机构合作编制《世界自然保护联盟濒危物种红色名录》，每年评估数以千计物种的绝种风险，将物种编入 9 个不同的保护级别：绝灭（EX）、野外绝灭（EW）、极危（CR）、濒危（EN）、易危（VU）、近危（NT）、无危（LC）、数据缺乏（DD）、未评估（NE）。

世界保护区委员会（WCPA）有 130 名会员，负责推动成立陆地及海洋保护区，并推动对保护区有效的管理。

环境法律委员会（CEL）有 800 名会员，负责发展新的法律概念及机制，推行环境法，并加强国家行使环境法的能力。

教育及宣导委员会（CEC）有 600 名会员，通过策略性地宣导及教育，教育相关利益拥有人能可持续性地使用自然资源。

环境经济社会政策委员会（CEESP）有 500 名会员，负责在经济及社会因素问题上提供专业知识及政策建议。

生态系统管理委员会（CEM）有 400 名会员，负责在管理自然或经改动的生态系列上提供专业的指导。

三、世界旅游组织

（一）组织介绍

世界旅游组织（World Tourism Organization，简称 WTO）是隶属于联合国体系的政府间国际旅游组织，成立的宗旨是促进和发展旅游事业。总部设在西班牙马德里，现任秘书长是塔利布·里法伊（Taleb Rifai）。世界旅游组织的前身为 1934 年成立的国际官方旅游宣传组织联盟，1946 年伦敦召开了首届国家旅游组织国际大会，翌年巴黎举行第二届大会，正式成立官方旅游组织国际联盟。1969 年联合国大会批准将其改为政府间组织，1975 年改为世界旅游组织，2003 年被纳入联合国体制之内。

（二）机构设置

世界旅游组织成员分为正式成员、分支机构成员和附属成员，现有正式成员 156 个。组织机构包括全体大会、执行委员会、秘书处及地区委员会。全体大会每两年召开一次会议。执行委员会下设 5 个委员会，包括计划和协调技术委员会、预算和财政委员会、环境保护委员会、简化手续委员会、旅游安全委员会。秘书处负责日常工作。地区委员会为非常设机构，分为非洲、美洲、东亚和太平洋、南亚、欧洲和中东6个地区，每年召开一次会议。

（三）遗产保护工作

旅游技术援助和旅游环境保护活动是世界旅游组织的重要工作，其中涉及对遗产的保护及管理工作。

1. 旅游技术援助

世界旅游组织作为联合国开发计划署的执行机构，对各国在旅游领域方面给予积极的技术咨询和援助，包括在旅游资源调查、旅游景区景点的开发、旅游业发展规划的制定、旅游市场的分析研究、旅游饭店的规划和选址、旅游政策与法规的制定等方面都给予必要的技术援助和投资。自1980年以来，世界旅游组织共对60多个国家提供了近700项技术援助和合作。其中，近几年来比较大的和有影响的技术援助和合作项目有"古丝绸之路旅游"和"非洲原始探险之旅"。

近年来，世界旅游组织致力于推进"古丝绸之路旅游"和"非洲原始探险之旅"两个大项目的开发，以促进多个国家之间的旅游发展与合作。"古丝绸之路旅游"是沿着马可·波罗和古代亚欧贸易通道进行的旅游活动，从亚洲到欧洲全长1.2万公里，有16个国家参与这个项目的合作与开发。目前，正在进行沿途旅游景区景点、游览路线、各种旅游VCD和宣传画册的开发。"非洲原始探险之旅"是通过发掘和再造西非古文化遗址，提高历史博物馆的价值，从而提升西非国家的原始文化之旅，以激发更多的外国旅游者参观和了解这些国家的文化和历史。这个项目开发后，与东非和南非的旅游结合起来，可以与加勒比海地区旅游相媲美。

2. 旅游环境保护活动

世界旅游组织积极倡导旅游的可持续发展，以替代传统无控制的大规模旅游，强调树立有利于对自然环境和地方文化保护的新的旅游发展观念，并努力使各国政府及私营部门都理解和保护生态环境，为旅游业未来的持续发展创造良好的条件。为了实现这一目标，世界旅游组织积极参加全球性和地区性的有关旅游与环境的各种会议，出版各种有利于旅游与环境保护协调发展的著作，以宣传和指导世界旅游业的可持续发展。如参加了1992年在里约热内卢召开的"世界环境与发展"大会；参加了1992年和1997年联合国的

"地球研讨会",并提交了经济产业中第一份《旅游业发展21世纪议程》；出版了《可持续旅游发展：地方旅游规划指南》《旅游管理者须知：可持续旅游入门》《国家公园发展导览》《旅游度假区发展总体规划方法》《旅游业发展21世纪议程》等书籍。

（四）丝绸之路行动计划

世界旅游组织多年来一直支持丝绸之路沿线的旅游可持续发展，并制定了丝绸之路行动计划（UNWTO Silk Road Programme）。目前，29个国家参与丝绸之路项目，在市场营销、产品发展、旅游路线研发、旅游设施和跨境合作项目等方面展开多边区域间的相互合作。丝绸之路行动计划旨在呼唤和促进利益相关者对丝绸之路沿线的投资，保护地方文化与环境，减少贫穷，为增加丝绸之路沿线旅游收益，延长游客停留时间，促进旅游更有竞争性的可持续发展作出巨大贡献。丝绸之路行动计划将促进市场营销、目的地能力建设与管理、旅行便利化作为发展战略重点。

1. 联合促销

在世界旅游组织的推动下，丝绸之路成员国积极开展全方位的市场营销与合作，努力打造国际通用的丝绸之路品牌、标志与形象；建立完善的丝绸之路旅游网站，提高目的地信息的可访问量；促进良好的媒介推广营销，扩大丝绸之路旅游的影响力。

2. 目的地能力建设与管理

丝绸之路沿线的目的地有着丰富的自然与文化资源。然而，由于基础设施建设不足，管理系统的缺陷，限制了沿线目的地旅游的发展。因此，目的地能力建设与管理在丝绸之路旅游发展中同样占据着极其重要的地位。加强目的地能力与管理体系建设，促进区域遗产保护，通过旅游线路的开发提高区域之间的连通性；展开国际交流与合作，共同营造安全顺畅的丝绸之路旅游环境。在推动丝绸之路沿线区域能力构建和目的地管理建设方面，世界旅游组织制定了两个发展战略：一是区域发展战略，二是世界旅游组织丝绸之路旅游发展战略。

3. 旅行便利化

丝绸之路交通要道作为国际商贸与旅游中心，其交通便利程度与签证政策和边境手续便捷与否将成为影响游客出境旅游的重要因素。丝绸之路行动计划将增加成员国之间合作，以实现跨国旅游顺利进行，并将发展丝绸之路旅游签证作为促进丝绸之路旅行便利化的发展目标与战略重点。

四、国际古迹遗址理事会

（一）组织介绍

国际古迹遗址理事会（International Council on Monuments and Sites，简称ICOMOS）于1965年在波兰华沙成立，总部设在巴黎。ICOMOS由世界各国文化遗产专业人士组成，包括建筑学家、考古学家、工程师、历史学家、城市规划师、遗产地管理与保护方面的专家。ICOMOS借助跨学科的学术交流，为保护建筑物、古镇、文化景观、考古遗址等各种类型的文化遗产完善标准，改进技术。ICOMOS是联合国教科文组织（UNESCO）在文化遗产保护领域的咨询机构，接受UNESCO委托办理的有关事务，监察、通报各国遗产保护状况，筹募保护经费，负责对所有提名列入《世界遗产名录》的文化遗产进行评估。ICOMOS是国际一级的国际性组织，宗旨是促进文化遗产有形及无形方面的保护。

（二）机构设置

1978年，ICOMOS通过了组织章程并设立常设机构，接纳各国成立ICOMOS国家委员会。我国于1993年加入该组织，并成立了国际古迹遗址理事会中国国家委员会（ICOMOS China）。

ICOMOS的组织结构包括全体大会、执行委员会和咨询委员会。此外，ICOMOS还设有12个专业委员会。专业委员会由各个领域内的专家和学者组成，为ICOMOS提供强大的技术支撑，承担保护理论、导则、宪章等方面的研究，在培训、交流方面起到积极的促进作用。专业委员会将计划和年度行动报告递交给执行委员会审查，对遗产领域的特殊问题展开研究，贡献巨大。1999年，文化旅游委员会起草了《关于文化旅游的宪章》。

作为世界遗产委员会的重要咨询机构，ICOMOS通过的部分国际宪章与联合国教科文组织通过的公约之间联系紧密，如《威尼斯宪章》与《世界遗产公约》，以及《水下文化遗产保护与管理的国际宪章》与《水下文化遗产保护公约》。

（三）遗产保护工作

为实现其宗旨，ICOMOS 开展下述行动和活动：

（1）提供一个平台，将关切 ICOMOS 宗旨的公共机构、单位和个人组织起来进行讨论和反思，确保国际组织和机构具有广泛代表性。

（2）聚集、学习和传播关于文化遗产保护的原则、技术和政策等信息。

（3）加强国家及国际层面的合作，以推动文化遗产保护文档中心的创建和发展。

（4）鼓励采纳和实施有关文化遗产保护的国际公约、建议和其他标准的既有文本。

（5）合作筹备文化遗产保护的培训项目。

（6）提供机构建议。

（7）开展管理技术服务项目。

（8）与联合国教科文组织、国际文物保护与修复研究中心（ICCROM，罗马）、联合国教科文组织发起的区域中心，以及其他致力于相同目标的国际、区域机构和组织建立并保持紧密的合作关系。

（9）为联合国教科文组织1972年通过的《保护世界文化与自然遗产公约》（《世界遗产公约》）的实施提供指南和支持。

（10）鼓励和推动与其章程相应的其他活动。

五、国际文物保护与修复研究中心

国际文物保护与修复研究中心（International Center for the Study of the Preservation and Restoration of Cultural Property，简称ICCROM）成立于1959年，是政府间组织，被授予推动世界范围内所有类型的文化遗产的保护工作。ICCROM 的基本宗旨是保护古代建筑、历史遗迹和世界艺术珍品，以及为此而进行的专业队伍的培训和修复工作的改进。ICCROM 自1989年起，培训了来自100多个国家的1635名研究人员和技术人员，其中发达国家和发展中国家在ICCROM 培训计划中均占有重要地位。

ICCROM 研究并传播世界文化遗产保护及修复方面的信息，负责举办国际性会议，出版有关刊物并组织专家开展相关活动。ICCROM 致力于推动有关文物保护技术的探讨；研究制定文物保护及修复问题的解决方案；调整文物保护措施，使之达到世界先进水平。

六、国际工业遗产保护委员会

国际工业遗产保护委员会（The International Committee for the Conservation of the Industrial Heritage，简称 TICCIH）于 1978 年成立于瑞典斯德哥尔摩，是世界上第一个致力于促进工业遗产保护的国际性组织。2001 年开始，国际古迹遗址理事会同联合国教科文组织合作举办了一系列以工业遗产保护为主题的科学研讨会，促使工业遗产能够在《世界遗产名录》中占有一席之地。2003 年 7 月，在俄罗斯下塔吉尔召开的大会上通过了由国际工业遗产保护委员会制定和倡导的专用于保护工业遗产的国际准则，即《下塔吉尔宪章》。2005 年起，TICCIH 成为联合国教科文组织世界遗产委员会指定咨询机构，与 ICOMOS 共同承担对世界工业遗产项目的鉴定评审任务。

TICCIH 是由 60 多个国家和 500 多名成员组成的交流网络，由对工业遗产领域具有建树的专家组成，除建筑师、工程师外，还有技术史专家、博物馆专家、保护运动的研究者。TICCIH 通过对记录和保护工业遗产的相关研究成果进行讨论、信息交流，推动工业遗产保护的国家合作。

第三节 遗产保护与旅游开发

为促进《保护世界文化和自然遗产公约》的实施，联合国教科文组织世界遗产中心特制定《实施世界遗产公约的操作指南》（以下简称《操作指南》），对遗产的保护提出程序性的操作建议，具体包括：(1) 将遗产列入《世界遗产名录》和《濒危世界遗产名录》；(2) 世界遗产的保护和保存；(3) 世界遗产基金项下提供的国际援助；(4) 调动国家和国际力量为《公约》提供支持。《操作指南》也因此成为遗产保护的基础性文件。

一、遗产保护的原则与理念

真实性和完整性（Authenticity and Integrity）是关于世界遗产非常重要的两个原则，这两个原则既是衡量遗产价值的标尺，也是保护遗产所需依据的关键。

（一）真实性

真实性概念最早出现于《威尼斯宪章》（*Venice Charter*，1964）中，之后逐渐得到欧洲社会的广泛认可，适用于欧洲文物古迹的保护与修复，后详细解释于《奈良文件》（*Nara Document*，1994）和《操作指南》中。

《奈良文件》认为，理解遗产价值的能力取决于该价值信息的真实度或可信度，对涉及文化遗产原始及发展变化的特征的信息来源的认识和理解，是评价真实性的必要基础；出于对所有文化的尊重，文化遗产的分析和判断必须首先在其所在的文化背景中进行；遗产的文化价值的真实可信应表现在外形和设计，材料和材质，用途和功能，传统、技术和管理体系，位置和环境，语言和其他形式的非物质遗产，精神和感觉，其他内外因素。

《操作指南》指出，文化遗产应符合《世界遗产公约》所述的具有突出的普遍价值的至少一项标准和真实性标准，每项被认定的项目都应满足对其设计、材料、工艺或背景环境，以及个性和构成要素等方面的真实性的检验。

（二）完整性

所有申报列入《世界遗产名录》的遗产必须满足完整性条件。完整性主要用来衡量自然和文化遗产及其特征的整体性和无缺憾性。评估遗产的完整性应包括以下因素：所有表现遗产突出的普遍价值的必要因素，面积足够大、确保能完整地代表体现遗产价值的特色和过程，受到发展的负面影响或缺乏维护。

遗产的物理构造和重要特征都必须保存完好，且侵劣化过程的影响得到控制，并包括表现遗产全部价值的绝大部分必要因素。文化景观、历史村镇或其他活化遗产中体现其显著特征的种种关系和动态功能也应予以保存。

遗产的生物物理过程和地貌特征应该相对完整。虽任何区域都不可能完全保持天然，且所有自然区域都在变动之中，而且存在人类活动，但若传统社会和当地社区的人类活动具有生态可持续性，也可以同自然区域突出的普遍价值一致。

遗产应具备突出的普遍价值，且包括保持遗产美景所必需的关键地区。例如，某个遗产的景观价值在于瀑布，那么只有与维持遗产美景完整关系密切的临近的积水潭和下游地区也被涵盖在内，才能满足完整性条件。

遗产必须包括其自然关系中所有或大部分重要的相互联系、相互依存的因素。例如，"冰川期"遗址要满足完整性条件，则需包括雪地、冰河本身和凿面样本、沉积物和拓殖（如条痕、冰碛层及植物演替的先锋阶段等）。如果是火山，则岩浆层必须完整，且能代表所有或大部分火山岩种类和喷发类型。

遗产必须具有足够的规模，且包含能够展示长期保护其内部生态系统和生物多样性的重要过程的必要因素。例如，热带雨林地区要满足完整性条件，需要有一定的海拔层次、多样的地形和土壤种类、群落系统和自然形成的群落，同样，珊瑚礁必须包括诸如海草、红树林和其他为珊瑚礁提供营养沉积物的临近生态系统。

遗产必须是对生物多样性保护至关重要的遗产。只有最具生物多样性或代表性的申报遗产才有可能满足该标准。遗产必须包括某生物区或生态系统内最具多样性的动植物特征的栖息地。例如，要满足完整性条件，热带草原需要具有完整的、共同进化的草食动物群和植物群；海岛生态系统则需要包括地方生态栖息地；包含多种物种的遗产必须足够大，能够包括确保这些物种生存的最重要的栖息地；如果某个地区有迁徙物种，则季节性的养育巢穴和迁徙路线，不管位于何处，都必须妥善保护。

二、遗产保护的方法措施

（一）列入遗产名录

联合国教科文组织（UNESCO）强调遗产突出的普遍价值，指罕见的、超越了国家界限的、对全人类的现在和未来均具有普遍的重要意义的文化或自然价值。该类遗产的永久性保护对整个国际社会都具有至高的重要性。因此，世界遗产委员会制定《世界遗产名录》并规定了遗产列入《世界遗产名录》的标准。委员会致力于构建一个具有代表性、平衡性和可信性的《世界遗产名录》，以保护国际层面上具有最突出价值的遗产。

1. 申报准备

申报地区填写申报文件，是委员会考虑是否将某项遗产列入《世界遗产名录》的首要基础。在耗费大量时间和成本准备完整的申报材料之前，应开展初步的筹备工作，确认遗产有潜力证明其拥有兼具完整性和真实性的突出普遍价值，包括收集与遗产相关的信息、主题研究，对遗产展示自身兼具完整性和真实性突出普遍价值的潜力所开展的概括研究，或是将遗产放入更广阔的全球或地区背景下进行初步的对比研究，包括专家咨询机构在空缺研究的背景下展开的分析。申报过程中社区的参与非常必要，社区能够同申报主体共同承担保护遗产的责任，鼓励利益相关者参与申报准备，其中包括遗产管理人员、当地和地区政府、当地社区、非政府组织和其他团体。

2. 申报文件的格式和内容

格式应包括遗产的辨认、遗产描述、列入理由、保护状况和影响因素、保护和管理、监测、文件、负责机构的联系信息、缔约国代表签名。

遗产辨认应清晰地定义申报遗产的边界，清楚区分申报遗产和任何缓冲区的界限。地图应足够详细，能精确标出所申报的陆地或水域。

遗产描述应包括遗产辨认及其历史及发展概述。应确认、描述所有的成图组成部分，如果是系列申报，应清晰描述每一组成部分。

列入理由应指出遗产申报依据的标准，且须明确说明依据该标准的原因。基于该标准，缔约国应在提交的遗产《突出的普遍价值声明》中明确说明为什么该遗产值得列入《世界遗产名录》。应提供该遗产与类似遗产的比较分析，无论类似遗产是否列入《世界遗产名录》，是国内的还是国外的遗产。比较分析应说明申报遗产在国内及国际范围内的重要性。完整性和真实性声明也应一并附上。

保护情况和影响因素应包括目前遗产保护状况的准确信息（包括遗产的物理状况和到位的保护措施）。同时，也应包括影响遗产的因素描述（包括威胁）。本部分提供的信息是将来监测申报遗产保护状况必要的基础数据。

保护和管理。保护包括与遗产保护联系最为紧密的立法、规章、契约、规划、机构和传统措施，并详尽分析实际保护措施的操作方法。立法、规章、契约、规划和机构性文本或者文本摘要应以英文或法文附上。适宜的管理规划或其他管理体制很必要，应包括在申报文件中，并希望说明管理规划或其他管理体制可以确保得到有效执行。可持续发展原则应综合纳入管理体系。

监测。缔约国应在申报材料中提供衡量、评估遗产保护状况的关键指标、影响因素、遗产保护措施、审查周期及负责机构的名称。

文件。应提供申报所需的所有文件。除了上述文件之外，还应包括：①达到打印标准的照片（最低像素300dpi；如可能，35毫米幻灯片；如必要，补充电影、录像或其他视听材料）；②图像清单以及授权表。申报文本应以打印形式和电子文档提交（word或pdf文件为佳）。

3. 申报登记

申报单位递交申报文件后，由秘书处核查材料是否完整并进行登记。向相关咨询机构转交完整的申报文件，由咨询机构进行评估。

4. 咨询机构评估

咨询机构将评估各缔约国申报的遗产是否具有突出的普遍价值，是否符合完整性或真实性条件，以及是否能达到保护和管理的要求。对文化遗产申报的评估将由国际古迹遗址理事会完成，对自然遗产申报的评估将由世界自然保护联盟完成。

5. 世界遗产委员会决定

世界遗产委员会决定一项遗产是否应被列入《世界遗产名录》、待议或推迟申报。

（二）遗产保护与管理

遗产的保护与管理必须有长期、充分的立法、规范、机构和传统的保护及管理，以确保遗产得到保护。保护必须包括充分的边界划定。同时，应在国家、区域、城市等各个级别上对遗产予以足够力度的保护。

1. 立法、规范和契约性的保护措施

国家和地方级的立法、规范措施应确保遗产的保存，且保护其突出的普遍价值以及完整性和真实性不因社会发展变迁受到负面影响。确保保护措施得到切实有效的实施。

2. 确保有效保护的边界

划定边界是遗产保护的核心要求，需要包括有形的能够直接体现遗产的突出普遍价值的区域和特征，以及在将来的研究中有可能加深这种理解的区域。划定的边界要反映其成为世界遗产基本条件的栖息地、物种、过程或现象的空间要求。边界须包括与具有突出的普遍价值紧邻的足够大的区域，以保护遗产价值不因人类的直接侵蚀和该区域外资源开发而受到损害。

3. 缓冲区

如有必要，应设立恰当的缓冲区以有效保护遗产。缓冲区是为了有效保护申报遗产而划定设立的遗产周围的区域，缓冲区的使用和开发受到相关法律或习惯规定的限制，为遗产增加保护层。缓冲区包括申报遗产直接所在的区域、重要景观，以及其他在功能上对遗产及其保护至关重要的区域或特征。缓冲区的构成区域应通过合适的机制来决定。

4. 管理体制

遗产都应有适宜的管理规划或其他有文可依的管理体制，其中需要详细说明将如何采取措施（最好是多方参与的方式）保护遗产突出的普遍价值。管理体制旨在确保现在和将来对申报遗产进行有效的保护。有效的管理体制的内容取决于申报遗产的类别、特点、需求以及文化和自然环境。由于文化视角、可用资源及其他因素的影响，管理体制也会有所差别。管理体制可能包含传统做法、现行的城市或地区规划手段和其他正式和非正式的规划控制机制。对所有提议的干预措施进行影响评估，对世界遗产地是至关重要的。有效管理体制应包括以下共同因素：①各利益方均透彻理解遗产价值。②规划、实施、监测、评估和反馈的循环机制。③对发展趋势、变化和提议的干预措施带来影响的监测和评估。④合作者与各利益方的共同参与。⑤必要资源的配置。⑥能力建设。⑦对管理体制运作的描述可信且透明。有效管理包括对申报遗产保护、保存和展示的短、中、长期措施。规划管理采取整体综合的方式对指导遗产长期发展至关重要，也可确保其突出普遍价值的所有方面得以维持。这一综合视角不局限于遗产本身，而是包括所有缓冲区和更广泛的背景环境。

（三）遗产基金和国际援助

1. 世界遗产基金

《世界遗产公约》依据《联合国教科文组织财务条例》的规定建立该信托基金，由缔约国义务或自愿的捐赠及基金规章授权的其他来源组成。世界遗产基金收到的捐款应用于国际援助活动和其他联合国教科文组织《世界遗产名录》遗产保护项目。

2. 国际援助

《世界遗产公约》向各缔约国提供国际援助，保护其领土内的世界文化和自然遗产、《世界遗产名录》内遗产以及符合《名录》要求的潜在世界遗产。当某一缔约国不能确保足够的资金时，国际援助辅助该缔约国保护、管理世界遗产及《预备名录》内遗产。国际援助主要来自世界遗产基金。世界遗产基金是依据《世界遗产公约》建立的。委员会每两年决定一次国际援助的预算。国际援助有以下几种，按照优先性依次排列如下：①紧急援助。②保护与管理援助（包括培训与研究援助、技术合作援助以及宣传和教育援助）。③筹备性援助。

三、遗产旅游资源保护与开发协调机制

在遗产旅游资源的管理中，保护优先于旅游是遗产旅游资源管理的基本原则。然而，遗产管理与旅游开发之间的关系却一直困扰着遗产管理者。遗产管理与旅游开发、为遗产付费与公平的享受权这两对矛盾形成了遗产旅游资源管理的两个悖论。究竟是遗产地的"旅游化"导致了文化价值的商业化和变质，文化价值的恶化反过来影响旅游价值，形成一个"恶性循环"，还是实现了"双赢"，即遗产旅游帮助人们找到文化的根，并形成身份认同，同时旅游还为保护和维护遗产地提供资金？随着遗产旅游的兴起，遗产的保护功能与旅游开发、城市发展的矛盾日益凸显，尤其是在发展中国家，很难做到既保证遗产地的经济发展又促进遗产价值的保护。历史建筑在旅游商业开发中遭受破坏、世界遗产提名的优先权与遗产地旅游发展的需求产生矛盾，人口压力、经济发展政策和财政政策等给遗产保护造成压力等现象在各遗产地表现得十分明显。虽然旅游开发将造成遗产保护的困难，但也有学者认为，遗产保护与旅游开发的冲突理论不适用于所有遗产地。遗产旅游的巨大成功导致了另一个两难的境地，即持续增加的访问率成为世界遗产地保护的主要威胁。门票的收取不仅为控制游客数量提供了可能，也为管理旅游影响和遗产保护提供了资金支持。但从遗产的使命来看，如果游客因为遗产景区门票太贵而无法欣赏遗产资源，那么遗产资源到底是谁的资源，又是为谁而保护？似乎遗产收费与社会的享用权间的矛盾是遗产管理者无法调和的。

（一）遗产资源保护与开发的目标和价值取向

1. 真实性与完整性的维护

遗产的真实性和完整性是《保护世界文化与自然遗产公约》中的两个核心概念。遗产的使命是尽可能地保持其原真性，而遗产的经济获益能力和公共使用权在决策过程中只是次级考虑。遗产真实性的评估中，不应仅仅关注其物质层面，而应该进一步拓展到非物质层面。虽然旅游活动促进了旅游活动参与者对真实性的认知，但也造成了遗产真实性的受损。在发展遗产旅游的过程中，文化事件和吸引物的原真性常常被刻意展示和扭曲以迎合"客人"和"主人"的需求；在遗产旅游资源的开发和经营过程中，过快的商业化对遗产真实性的保护形成挑战；列入世界遗产名录后，遗产地为保护遗产真实性和完整性付出巨大的代价，遗产地面临一系列发展压力。

2. 遗产的可持续发展

国外研究还将可持续发展作为指导遗产旅游发展的重要理念。可持续遗产旅游资源开发与管理是一个整体的、未来导向的、社会公平的全球尺度的过程。遗产地发展旅游可以促进遗产资源的保护和遗产地的可持续发展。随着遗产地开展的活动的多样化，一些探寻遗产资源管理与旅游开发可持续发展的新兴旅游形式也融入遗产旅游研究中，如通过创意文化产业促进文化遗产的保护，低碳旅游模式在遗产领域的应用等。

（二）遗产旅游资源保护与管理面临的挑战

快速的城市发展带来城市创新和遗产保护间的困境，世界遗产资源由于无效的保护计划而遭到严重的破坏，全球气候变暖对冰雪、河水、景观、湿地等自然遗产旅游资源造成负面影响，全球化会降低地方特性，对非物质文化遗产旅游带来不利影响。现行遗产管理体制亦存在许多不足。以西欧为例，数量庞大的遗产给世界遗产系统带来重压。例如，许多管理部门虽有遗产意识，却并不总能很好地理解世界遗产及保护条例；对遗产缺乏系统认识和研究；缺乏对自然遗产的适当识别；缺乏对自然遗产和文化遗产的整合；由于责任的分散，常缺乏协调、功能重组和缺乏专家意见；中央和地方政府间责任的划分不够清晰。

（三）遗产旅游资源保护与开发协调机制的具体内容

1. 构建遗产旅游资源保护模式

一些国家已经形成了自己的遗产旅游资源保护模式，如美国、加拿大的国家公园体系，澳大利亚的自然保护区体系等。美国国家公园体系由内政部国家公园管理局统一管理，管理局实行垂直领导，与地方政府没有任何关系，体现了国家级的统一管理体制和公益性。在欧洲，遗产规划的目标通常由一系列公共部门、私利部门以及一些非营利组织间的相互妥协、相互关联演变而来，以及在此基础上由各种专家来权衡保护与开发的各种矛盾，确定规划方法。例如，意大利模式是"由公共部门负责保护古迹，私人和企业来经营管理和利用这些古迹，以便在保护好的基础上充分发挥其作用，在一定程度上带动当地就业，并带动当地旅游、饮食等相关行业的发展"。这些国家的遗产管理体系，没有将政府和市场两种方式绝对对立起来，而是灵活处理各方面的关系，建立适合国情的遗产保护管理模式。

2. 形成遗产旅游资源管理机制

各国都有专门部门和特别代理机构来负责遗产管理，提供从国家到地方的各种服务，其他参与遗产景区管理的机构还包括宗教团体、私人机构、信托等。一些景区或景区的某部分，可能还属于私人使用者或者由各自独立的、非营利协会管理，以及不同层次的公众机构参与的遗产管理。在西欧，大多数遗产地有不同层级的机构管理，如85%的遗产地有当地机构的干预，65%的遗产地有地区机构介入管理，而62%的遗产地有国家机构的干预。参与者的复杂关系和不同背景使遗产管理复杂化，这就要求机构间的高度合作和交流，对不同团队或遗产管理者在管理中的作用进行引导。

3. 规范经营活动

欧洲世界遗产主要被用于游客参观，收取或不收取门票，主要用途有游客参观、城市中心、国家公园、宗教使用和乡村景观。除了基本的参观服务外，许多遗产地还开展丰富多彩的经营项目。美国的国家公园采用特许经营的方式规范国家公园的经营活动，公园的餐饮、住宿等旅游服务设施及旅游纪念品的经营必须以公开招标的形式征求经营者，经营权仅限于提供与消耗性地利用遗产核心资源无关的后勤服务及旅游纪念品，同时公园获得的经营收入除上缴国家公园管理局的部分外其余只能用于改善公园管理，经营者在经营规模、经营质量、价格水平等方面必须接受管理者的监管。

4. 完善法律制度

保护性立法是保护和保存世界遗产的有效工具。尽管没有针对世界遗产地的特别立法，许多地方有针对某种类型遗产资源的专门立法，而专门立法根据各国遗产类别的划分状况而有所不同。欧洲90%的遗产地具有针对某种类型的立法保护。如果遗产立法确实存在，那么自然遗产和文化遗产往往有各自的立法框架。

（四）利益相关者的参与及管理

利益相关者之间的相互影响与作用机制是国外对遗产旅游与遗产管理的研究中的重要领域，主要探讨利益主体参与遗产保护、管理与旅游开发的程序和方法，为实际管理中理顺相互关系及协调利益关系提供理论依据。遗产地开发保护的关键利益主体有遗产地管理者、旅游经营者和社区居民及游客。

1. 游客

针对游客的研究主要为遗产旅游中的游客体验研究，包括旅游者的动机、感知和期望、满意度以及它们之间相互关系的研究。游客感知是了解旅游者的参观动机及其对遗产地期望的关键因素。遗产地的体验质量影响游客感知价值，继而影响游客满意度，最终决定游客的行为意图。游客的个人因素及背景因素对遗产旅游中的游客体验有重要影响。

2. 社区

由于全球化的影响，遗产旅游面临社会复杂性增加的新范式，传统的地方性界限变得模糊。遗产旅游可以重建和传递国家归属感，维护国家团结，并能够超越国家界限，促进人们共同的民族回忆。然而，全球化也使个人认知与地方性的联系改变甚至消失，因此需强调在遗产旅游发展过程中社会身份与社区角色的作用。社区对遗产地的支持对于遗产地的保护和旅游活动的开展都具有重要的意义，遗产地的旅游发展规划应考虑当地居民的意见，遗产地的管理也应包含更多的社区参与。旅游者、当地社区居民及社区领袖倾向于支持不同类型的项目来拓展遗产地的旅游活动以支持当地发展，有些遗产地居民虽然支持旅游发展，却很少参与旅游的规划和管理。遗产旅游地决策制定过程中具有可行性和法律保障的居民参与系统及综合的遗产保护结构的缺失、城市管理中权利的不平衡、对遗产保护理解的缺乏是影响当地社区居民参与遗产地决策的主要问题。信任、沟通和当地影响力是社区参与方法的重要组成部分。针对乡村和居民边缘化的现象，则需要更多的社区参与和沟通。

3. 政府

管理者必须平衡不同的价值观、优先权和利益，在不同参与者之间作出调和，提出一个基于价值观的、多元的管理方式，解决管理的冲突，在不同的参与者之间达到一致的结果。政府的相关政策和行为是遗产旅游资源合理保护开发、利益相关者协调参与的保证。在遗产旅游开发决策中，政府干预可能会成为决定遗产保护和旅游开发优先权的关键因素，政治力量的冲突影响遗产旅游的进程；对于遗产资源，尤其是文化遗产资源，政府对其的态度转变会造成遗产地发展及旅游活动的兴衰，旅游方面的政策实施也会对历史城市的长期发展建设有直接或间接的影响，遗产地当地的政策可能比政府的政策起到更多的作用。政府政策也带来了一些负面影响。细致入微的政府政策可能会减轻许多问题，未来的旅游规划应该给予当地各族人民、公众等更多的参与权。

4. 企业

作为一种公共性的资源，遗产旅游资源的公益性颇受关注，各国都努力寻找遗产管理和经营的平衡点。尽管有些遗产地的居民对于私人投资经营遗产地开发持强烈的反对态度，私人经营的出发点主要是获取经济利益，但他们对于遗产的修复及开发却有积极的意义，同时对遗产地社区的发展有显著的促进作用。

第三章 善行旅游理论框架与行为准则

第一节 善行的东方哲学理论概述

在古代东方的文化传统中,就产生过非常深刻的类似"善行"的生态直觉,这些生态直觉对于当代人类的生存与发展同样具有十分重要的借鉴价值。

一、"天人合一"思想在中国古代哲学中的体现

(一)"天人合一"思想在《周易》中的体现

在《周易》的"大畜"一卦中,专门描绘了农业生产活动的生动景象。大畜全卦不仅讲了田间种植,还讲了饲养牛、马、猪等牲畜和农民的劳动生活,描绘了人们在美丽如画的自然环境中劳动,依靠阳光水土草木条件,繁殖牛羊,生产五谷,与自然环境水乳交融、和睦生存的景象。这里已经体现了中国文化传统中"天人合一"的思想。

"天人合一"的思想在《周易》中是以"与天地合其德"的理想来表达的。易以天地的生生不息为准则("生生之谓易"),天地最伟大的德行就是生养万物,保护自然的和谐("天地之大德曰生")。所以,圣人应该学习天地之大德。《周易·文言》说:"人们所说的圣人,他的德行与天地相符合,生养万物,他的光明像日月那样普照一切,他的进退像四时一样井然有序,他的赏罚与鬼神相配合,吉凶一致。他的作为先于天而施发,但上天不会背弃他;他的行动后于天而开展,是遵循天道运行的规律。"("夫大人者,与天地合其德,与日月合其明,与四时合其序,与鬼神合其吉凶,先天而天弗违,后天而奉天时。")这是要求人们的一切行为都要以预见自然规律、遵从自然规律、符合自然规律为前提,才能获得成功。人类既要改造自然,又要顺应自然,要调整自然使其符合人类的生存愿望。既不破坏自然,也不屈服于自然,而以天人相互协调为理想目标。

(二)"天人合一"思想在儒家思想中的体现

1. 孔孟的"天人合一"学说

《周易》中"天人合一"的思想深深地影响了儒家。虽然儒家关心人胜过关心自然和生物,但在"天人合一"观念的支配下,也把人视为自然大家庭中的一个成员,主张与万物和谐相处。《礼记·中庸》说:"诚者天之道也,诚之者,人之道也。"认为人只要发扬"诚"的德性,即可与天一致。

孔子曾说过:"伐一木,杀一兽,不以其时,非孝也。"他谴责不按季节乱伐林木,随意捕猎的行为,把对待生物的态度当成是一个道德问题。

孟子主张天人相通,人性即天性。强调人类要爱护自然之物,即生物。因为物可以养育人,所以,爱物是为了爱人。为了爱人,也应该把爱物和爱人有机地结合起来。他说:"君子之于物也,爱之而弗仁;仁民也,仁之而弗亲;亲亲而仁民,仁民而爱物。"(《孟子·尽心上》)

2. 荀子的"天人合一"学说

荀子明确提出"明于天人之分""制天命而用之",要求人们在不破坏自然环境的前提下改造和利用自然。荀子认为,要想使自然界为人类贡献更多的财富,必须将管理社会的群道原则推广到管理自然中去,对自然万物施以仁的精神,在人与物、物与物之间建立起相互制约又相互协调的良好秩序。他还把保护自然作为王者之制。荀子说:"君者,善群也。群道当,则万物皆得其宜,六畜皆得其长,群生皆得其命。故养长时,则六畜育;杀生时,则草木殖。政令时,则百姓一,贤良服。圣王之制也:草木荣华滋硕之时,则斧斤不入山林,不夭其生,不绝其长也;鼋鼍鱼鳖鳅鳣孕别之时,罔罟毒药不入泽,不夭其生,不绝其长也。"(《荀子·王制》)这就是说,要管理好社会,包括生物群体,就需要在生态环境中建立合理的生长和制约的协调关系,要在人们中间制定保护自然资源,使畜养杀伐不失其时的制度,使万物皆得其宜。这一思想与今天人们按照生态规律制定环境保护法,以维护自然界的动态平衡,是非常合拍的。

3. 汉代董仲舒的"天人感应"学说

《周易》和先秦儒家中的"天人合一"思想发展到汉代,被董仲舒发挥为"天人感应"的学说,用以论证君权神授的天人宇宙论图式。尽管这一将自然事物人伦化,将天上事物人间化,把主宰意志的天和自然的天结合起来的神学目的论非常荒谬,但在这种荒谬的理论中,也还包含着强调天与人、自然与社会的有机统一,依然具有一定的合理成分。"天人合一"有两层意思:一是天人一致。宇宙自然是大天地,人则是一个小天地。二是天人相应,或天人相通,是说人和自然在本质上是相通的,故一切人事均应顺乎自然规律,达到人与自然和谐。

　　董仲舒的名言是:"天亦有喜怒之气,哀乐之心,与人相副。以类合之,天人一也。"(《春秋繁露·阴阳义》)在董仲舒那里,天是一个有喜怒哀乐的天,当然,也是一个主宰世界,可以和人感应、能够给人以吉凶祸福的天。到今天,天人合一似乎又成为中国古代所有思想的核心,并在相当大的范围内被赋予从来不曾有过的人与自然和谐、保护环境、可持续发展等意义。

(三)道家的生态哲学

　　老子在《道德经》里说:"道生一,一生二,二生三,三生万物。万物负阴而抱阳,冲气以为和……人法地,地法天,天法道,道法自然。"老子认为,人来源于自然并统一于自然,并且必须在自然给予的条件下才能生存,也必须遵循自然的法则才能求得发展。

　　庄子也肯定了人的一切皆得之于天地自然。"汝身非汝有也……孰有之哉?曰:是天地之委形也。生非汝有,是天地之委和也;性命非汝有,是天地之委顺也;子孙非汝有,是天地之委蜕也。"(《庄子·知北游》)既然人的身体、生命禀赋、子孙皆不为人类自身所拥有,而是大自然和顺之气的凝聚物,那么人类就应当尊重天地自然,尊重一切生命,与所有的生物为友,与人类居住的自然和谐相处。显然,老子和庄子的这些见识与现代生态环境保护的思想十分符合。

二、"天人合一"思想的古今哲学解读

　　无论是《周易》还是儒家、道家对"天人合一"的思想都有着本质相似的阐述。而"天人合一"的学说大致可以分为五类:一是《易传》中的天人合德的人生最高境界和最高理想。天有高尚的德,人应该效法天德,向自然学习,与天合德。二是以孔孟为代表,天人合一即天人相通。天道与人性合而为一,天的道德属性包含于人性之中,天的法则根源于人间道德,天德寓

于人心，人心与天心相通。三是董仲舒的神秘的天人相类。将人类社会与天地宇宙视为一个整体。四是荀子、刘禹锡为代表的人定胜天式的天人合一。这一类观点将天、人区别开来，揭示了"天之所能"与"人之所能"两者之间彼此制约、互相作用的辩证关系，认为天人之分与天人之合互为条件，没有"分"也就无所谓"合"，主张天、人各司其职、发挥作用，求得天人和谐。五是老、庄为代表的天人相混不分。人是属于自然的一部分，是自然界的一种存在形式，人性的真谛就是自然性，故而应当忘己、无己，把自己完全融化于自然之中。

"天人合一"包括三个方面的内容："天人同构""天人感应""天人相通"。天有五行，人有五脏；天有四时，人有四肢；天有春夏秋冬，人有喜怒哀乐；天有阴阳刚柔，人有君臣男女。这就叫"天人同构"。因为"天人同构"，所以"天人感应"。譬如说，天上出了"扫帚星"（其实就是彗星），人间就要倒大霉。如果出了"祥瑞"，则证明当今皇上乃"尧舜之君"。这就叫"天人感应"。

若是从现代工业文明的天人相分观念回到中国传统的天人合一观念上来，就要找到人在自然中的正确位置。第一，中国传统的天人合一观念的产生，与中国传统的农业文明分不开。然而，当代工业文明条件下的人类已经受到工业文明以来的天人相分观念长久而深刻的影响，但要看到，转换这一观念已经刻不容缓。我们只有摆正我们人类在自然中的位置，认识到我们自己的限度，我们才能在深层观念上约束我们自己的狂妄想法。第二，天人合一说是对人与自然关系的一种事实描述。因此，天人合一不仅仅是一种观念，同时也是对于自然环境与人类存在的一种事实描述。人与自然本身存在着一种互动关系，它是相互影响相互制约的。它对应了中国传统的天道人道是一个道的观点，也是对人心与天地之性为一的见证。第三，天人合一观是一种人类责任观。孟子强调以爱之心及己、及人、及物，表明了人类对于自己以及对于自己生存环境的责任感。天人内在相通，但人因得天地之灵因而最贵。人因有生有气又有知，因而是天地万物中最为珍贵的存在者，这种存在者作为一种自为的存在者与那些自在的存在者不同，他能感知到自己的存在以及万物的存在，从而他负有爱护这一切的责任。并且，由于天地万物同体同源，人对自然所造成的灾难就是对人类自身造成的灾难。人类不是自然世界的主宰者，而是自然世界的呵护者、看护者。人类必须承担起这一责任，才能与这个世界和谐共处。

三、传统哲学中的"义利观"

中国传统伦理思想博大精深，其中的"义利观"问题是关乎人类社会伦理生活中的基本问题。"义"的繁体字为"義"，甲骨文作头，在写法上从羊从我。在古代，羊被作为美善吉祥的象征，与第一人称"我"会意形成"义"，最初用来表示对美善吉祥事物的守护和追求，后来逐渐引申为适宜、合理这类意思。义者宜也。"义"就是要求人们在遇事时要采取最为合适、恰当的行动，作出最为合理的处置。"利"从词源学的角度来分析，从对甲骨文的研究中发现，所谓"利"，最初的本意是指使用农具采集果实，或拿刀割禾。后来，"利"逐步推演为祭祀占卜意义上的"吉利"，即举行一定有目的有意义的特定的活动能够达到人们期望达到的结果，又被引申为利益、好处。

孔子的"义利观"：子曰"君子喻于义，小人喻于利"。在孔子看来，人若成为完美的人，其根本途径便是以义自律；否则，不但绝难成为"完美的人"，反而会变为难以雕琢的朽木。"不义而富且贵，于我如浮云。"在义利的关系问题上，孔子认为，义利既不可分割，又以义为先，以义制利。"见利思义"，是孔子确立重义轻利的理论基调；以义制利，是孔子义利观的基本思想原则。

孟子的"义利观"：儒家学派的另一重要人物孟子继承并发展了孔子的义利观，提出了贵义贱利的观点。孟子认为，人之行义，是人之所以为人，人之所以有别于禽兽的本质体现。孟子曰："鱼，我所欲也，熊掌亦我所欲也。二者不可得兼，舍生而取义者也。"孔子区别义利，而孟子则扬义贬利，并将二者推向对立。这便是孟子义利观的本质特征。

荀子的"义利观"：荀子非常重视义利之辨，他提出"义与利者，人之所两有也，虽尧舜不能去民之欲利，然而能使其欲利不克其好义也"。好利并不错，关键是求利不能克义。荀子的观点是正确的求利之道，是先义后利，以义制利。

道家的"义利观"：道家既视义如浮尘，又视利如稗糠。老子提出，"绝仁弃义，民复孝慈绝巧弃利，盗贼无有"。庄子也说，"自我观之，仁义之端，是非之涂，樊然淆乱，吾恶能知其辩"。道家对人的生命持超然态度，当然也就对"利"更不看在心里。

由于义利关系在理论上的解决直接关系到一个伦理思想体系的性质，在实践上的解决则直接关系到人们道德行为的选择、实际生活的幸福与社会的安危治乱。传统义利观以及与之密切相关的"义利之辨",一向被视为中国伦理学史上头等重要的问题。程颐曾云:"天下之事,惟义利而已。"朱熹更认为:"义利之说,乃儒者第一义。""义"是中国传统儒学中处理个人与他人、物质生活与精神生活相互关系的道德规范,代表了社会行为的原则性与崇高性。从道德原则的角度来看,"义"认为,人的行为应符合正义原则,同时强调人应该扬善抑恶,而且在任何情况下都应该坚持向善的选择,必要时可以"舍生取义"。这无疑具有永恒的精神价值。和"义"相比,"利"的内涵相对简单一些。"利"可以分为"公利"和"私利"。"公利"指的是国家、社会和民族的整体利益。在孔子看来,出于公心,维护国家、社会和民族的整体利益、根本利益和长远利益的行为,就是符合"义"的行为。从此层意义上讲,"公利"即"义"。孔子提出"因民之所利而利之",把做对老百姓有利的事情,给老百姓以好处,使百姓过上安乐的生活,作为正当的价值追求。而在孔子的"义利观"中,与"义"相对的"利"主要指的是个体之利,即私利。在义与利的面前,先哲们主张的"重义轻利""见利思义""以义制利""舍生取义"的道德观念与善行旅游中主张的"义利观""向善"的理念有着时代之别,但却是同根之源,对当今人们价值观的形成仍然起着极其重要的作用。

第二节 善行旅游理念

一、善行旅游理念的提出与实践

(一)善行旅游理念的提出

2011年4月9日,亚太旅游协会(PATA)成立60周年庆典暨年会在北京召开,"善行旅游"作为活动的重要议题之一,引起了与会嘉宾的热烈讨论,并成为行业共识。黄山风景区管委会副主任许继伟在接受美国有线电视新闻网(CNN)主播理查德·奎斯特访问时,从"发展新概念、黄山在行动、明天更美好"三个层面分别阐述了"善行旅游"所面临的机遇和挑战,分析了旅游业未来的发展趋势及应对思路,并从景区管理者的角度向亚太旅游协会提出了意见和建议。他结合黄山景区可持续发展实践指出,"善行旅游"主要体现在发展理念上,不仅在于旅游人数和收入的持续增长,更在于环境的可持续、经济的协调发展及人民群众能否受益。

(二)善行旅游理念的传播

受亚太旅游协会 60 周年庆典会议上提出的"善行旅游"概念的启发,联合国教科文组织发起了全球性的文化教育推广项目,对应全世界快速发展的旅游业及其涉及的生态环境保护、文化遗产保护、人类文明保护等,推进"善行旅游"实践,旨在倡导游客、政策制定者、企业、旅行商、媒体、管理者、景区景点和当地社区通过互利共赢的方式,共同推动旅游业可持续发展。鉴于中国在世界的崛起和中国旅游业的快速发展,联合国教科文组织联合海南省旅游委、中国旅游研究院、中国社科院旅游研究所、海南呀诺达雨林文化旅游区为代表的旅游行业的管理者(政府部门和行业协会)、经营者、研究者和消费者,于 2011 年 12 月举办了"善行旅游"专家研讨会,对"善行旅游"的相关问题进行了探讨。在亚太旅游协会、联合国教科文组织、海南旅游界的共同努力下,"善行旅游"通过各种媒体得以广泛传播。2012 年 6 月 7 日,我们通过百度引擎以"善行旅游"为主题词在互联网上进行搜索,可以查到 101 万个相关结果。

(三)善行旅游理念走向实践

黄山是国内较早践行"善行旅游"理念的景区。近年来,黄山确立了"环境影响最小化、经济产出最大化、社会效益最优化、游览体验最佳化"的理念并作为组织愿景,不断强化资源保护,大力推进管理创新,努力带动区域发展。在黄山模式引起关注后,2011 年 12 月,联合国教科文组织信托基金项目"善行旅游——促进遗产保护与人的发展"正式启动,并将呀诺达景区选为项目基础调研点。该项目旨在为制定"善行旅游实施操作指南"奠定基础,成果将通过世界旅游机构在中国普及,并向其他国家推广。同时,"善行旅游"在国外航空界也得到极大关注。航空业占全球碳排放量的 3.75%,"碳中和"日益受到航空业重视。波音公司已在行业内发起了"记录碳足迹"的环保行动,把 75% 的科研经费投放到提高效能、减少碳排放领域,还自愿购买了一定数额的碳税。

二、善行旅游的内涵与价值

（一）国内外学者对善行旅游的认识

"善行旅游"是一个新兴的概念，专家学者、政府官员、企业管理人员、旅游者尚未就其框架与内容达成共识。目前，国内外关于"善行旅游"的代表性观点集中出现在联合国教科文组织在海南召开的会议上。汪黎明认为，"善行旅游"倡导的是一种新的旅游发展和消费方式，根植于中国传统文化，代表旅游业发展方向。邹统钎认为，"善行旅游"是对生态旅游、低碳旅游等概念的继承与发扬、提升与拓展，它不仅关注生态环境，也关注文化遗产；更侧重于道德准则或行为准则，而不是具体产品。张栋认为，"善行旅游"反映了旅游者与自然、旅游者与社会以及人与人之间和谐与可持续的生存关系，是一种新的旅游消费观念，是在旅游领域值得推广的新消费文明。王健生认为，"善行旅游"是一种更加强调多元化价值、高效能运作、"传承历史与创造未来"更加紧密结合的旅游，其核心是可持续旅游。陈耀认为，"善行旅游"是促进旅游健康发展、理念和行为有机融合的基本要求，在利用和保护遗产的同时也应创造遗产，融入教育、科学和文化。卡尔加里大学教授沃尔特（Walter）认为，"善行旅游"应是可持续发展、社区受益、革新经济、当地主导、多边主义，具有包容性。由此可见，不同学者由于专业背景和视角不同，对"善行旅游"的理解存在较大的差异，也反映出"善行旅游"内涵的包容性。同时，他们普遍认为，"善行旅游"与旅游可持续发展关系密切，是一种新型旅游消费理念。以上这些观点表明，不同学者对"善行旅游"的认识不够简明和准确，没有反映出"善行旅游"的内涵与外延，尚不能构成"善行旅游"的定义。

（二）善行旅游的理论意义与实践价值

在快速发展的同时，我国国内旅游业也面临着巨大挑战。随着旅游市场规模持续扩张和各类旅游活动场所的大规模建设，资源和环境的压力明显增大。同时，旅游发展方式和运行方式比较粗放，重开发、轻保护，重建设、轻管理，重硬件、轻软件，重规模、轻品质等问题较为普遍。此外，地方政府过分注重旅游发展的经济导向，对生态与文化的可持续性、弱势群体的赋权、当地居民生活质量的提升、旅游者对不同文化的理解等方面重视不够甚至被有意忽略。面对这些问题和挑战，学术界引进并推介了以生态旅游为代表的各种概念，起到了重要作用。但由于文化背景、国民素质、可操作性等方面的原因，在实践中，生态旅游概念的标签化现象严重，社会公众对这些概念的认知与认同还明显不够。一些外国旅游专家也认为，不少概念或定义与东方的文化背景并不太融合，甚至会因此产生一些歧义。在这种背景下，根植于东方传统文化、受中国传统智慧的启发而产生的"善行旅游"就具有了特殊意义。"善行旅游"是借鉴传统东方智慧并将其运用于当代旅游发展的旅游理念，是国际化思维、本土化行动的有机融合。它体现了人们对旅游可持续发展实现路径的不懈探索、中国在国际旅游格局中地位的提升，更重要的是，它还反映出国际化潮流对文化多样性的尊重和地方性知识的重要性。根植于东方传统文化土壤，"善行旅游"一词通俗易懂，比较容易被国内公众与旅游者接受，并将以丰富多样的形式被付诸实践。这从联合国教科文组织发布的"善行旅游"项目标识中就可见一斑，红色和黑色代表了中国的文化与历史底蕴；用中国书法书写的"善行旅游"象征着来自中国的传统智慧与哲学思想；正在行走的男女意味着活力与伙伴关系。同时，"善行旅游"选择在海南启动，就是希望从中国悠久的文化中获取思想和启发，通过两年的实践探索产生的成果，不仅对亚太地区发展旅游业有所帮助，对世界其他地方的旅游业发展也能够提供帮助。

图 3-1　善行旅游标识

第三节　善行旅游的行为准则

第1条　善行旅游：旅游达到天人合一之境界

基于对遗产价值的全面认知，善行旅游以富有远见的统筹安排，充分实现其对于现代社会之综合价值，尤其是为人类提供关于生命之哲学层面的意义，旅游者通过善行旅游达到天人合一的境界，所有参与者也在行动中实现自身的发展。

善行旅游将天地万物视为一体，其间经济、社会、文化与生态诸要素皆有自然之理，应维护和促进其有机共生的原真状态，本地居民、游客和各方参与者均应相互协调、相互包容，达成人人和谐、物物和谐、人物和谐的局面。

善行旅游崇尚自然之法，反对以主观意志打破历史形成的遗产状态，通过无所为而无不为的方式，为遗产保留真实性与多样性。

善行旅游通过圆融的手段处理复杂的系统性问题，倡导充分认知和理解遗产的发展脉络与综合价值，在追求理想状态的同时，也照顾现实问题，但绝不因短期和局部的利益而实施偏激的行动。

第2条　遗产为全人类提供机会与价值

遗产来源于无数年的自然馈赠和无数人的生命贡献，作为地球家园中特殊的遗存，应当为未来人类的共同发展而持续发挥价值贡献。善行旅游将遗产视为与人类命运攸关的整体来看待。

遗产所在地的居民对于遗产既有历史贡献，也有未来责任，他们对遗产地有特定的权利和义务。

遗产通过旅游向更广泛的人们传递其价值。所有人都有从遗产中学习、体会和享用的权利。所有人也有保护遗产，并将其价值继续传递下去的责任。

第3条　旅游者在遗产旅游中实现更高的生命价值

旅游者通过善行旅游满足更高层次的需求，尤其是爱与归属、尊重、自我实现等层面的精神需求。

遗产所展示出的独特景观、美好环境、特殊的生活方式和人类智慧，为人们提供了追求理想生活的资源、参照、启示和思想源泉。

善行旅游反对简单满足和迎合旅游者的低俗需求，反对纵欲的生活方式，不提倡表面的物质繁荣。善行旅游者应有更高的精神追求和行为准则。

旅游者的行为也应遵循自然法则，尊重文化本真，并在与他人和自然的和谐共处中实现自身的自由和解放。善行旅游者通过自我教育和相互教育，利用、传递和发展遗产的价值，他们对遗产、对遗产地居民和对人类整体均负有一定的责任。

第4条　遗产地居民通过旅游获得全面的发展

遗产地居民对于遗产有特定的权利和责任。对于其生活的家园，居民享有生活方式和思想意识的自主权，对于历史形成的自然和文化系统，居民应承担守护和发扬的义务。

遗产地居民应得到尊重和平等的对待，居民应从遗产的旅游开发中获取合理的经济、社会、文化和环境利益。同时也应充分认识到居民生活内容的发展性和时代需求，不应将其作为"被欣赏"的对象或可资出售的商品。

遗产地的旅游开发应充分考虑居民的意见，优先为居民提供就业机会，并确保居民参与管理和决策的渠道畅通。

遗产地居民在遗产价值保护和传播的过程中，应更深刻和全面地理解遗产价值，对自己的文化和生命有更深刻的理解和觉悟，通过遗产旅游的发展而实现自身的发展。

第5条　遗产地管理者的无为而治

善行旅游的开发与管理秉持圆融的理念，治理者主要的作用在于对于各种利益关系的协调、沟通和统一，而非妄加干涉。遗产地的一切开发均应顺应自然，不得违背自然天性和人文脉络而行开发之策，不得以个人意志和小群体的一时利益而刻意改变遗产的自然发育进程。

旅游活动的开展和政策的制定应当尊重自然、历史、文化、艺术、科学的原真价值，对遗产加以认真保护，代代相传。应在开放遗产为人类享用的同时，恰当地做好保护的工作。

管理者应从整体看待遗产地的各类要素及其关系，协调处置各种矛盾和利益关系，协调处置短期诉求与长期利益的矛盾，动态把握保护与开发的度，实现和谐发展。在政策手段上，综合考虑法律、技术、习俗和人情等各个层面，注重协商而非专断，以期达成合乎自然、合乎情理和合乎法规的局面。

第 6 条　企业、旅游从业者等其他利益相关者的和谐发展

保证企业和从业者从旅游活动中获得合理经济收益，使其融入遗产地发展的整体安排之中。

企业和从业者在遗产地的行为应遵从更严格的法律标准和道德准则。应反对旅游活动中的低俗文化现象，反对将遗产地过度商品化和商业化，反对诱导旅游者进行简单低俗的活动。

企业和从业者应树立"君子爱财，取之有道"的准则，应树立实现更崇高的社会价值的理想。通过进行文化、生态等方面的公益活动，企业和从业者也实现个人生命价值的提升。

遗产地其他关联行业、各类机构和团体、媒体、学者和教育工作者等，均有义务为遗产地的保护、发展和价值的广泛实现而遵循一定准则并作出贡献。

第 7 条　善行旅游促进社会、经济、文化、环境的可持续协调发展

旅游经济发展速度、规模应与产业发展、环境发展以及人的进步相协调。旅游资源的开发利用应与经济、社会的发展相协调。在经济发展的同时，旅游资源基础得以维持和加强，对可更新资源的利用要以不破坏其再生机制为前提。

旅游活动对环境的影响和改变要在环境容量之内，旅游发展与环境治理同步进行，保护自然生态环境和生物多样性。

旅游人口规模及增长率应维持在经济、资源和环境的承受能力之内。产业相关人员通过旅游的发展获得自身的发展。

第 8 条　遗产旅游应建立有效的开发管理机制

遗产旅游开发应在强有力的政策及其执行者的管理下进行。政府资源管理体系和制度应该进一步优化，健全监管而非代行实施。

遗产旅游开发应建立好相关者的利益均衡机制、各方意见的沟通机制、有效的全民监督机制，以及进退有据的开发控制机制。

遗产地均应编制科学的旅游规划以保证遗产地的协调发展。

第9条 实施善行旅游的技术和工具

应该推动各种绿色技术在旅游发展过程中的运用，其中包括资源友好、环境友好的太阳能技术、资源循环利用技术、信息技术等。

数量化的手段应该在旅游发展的过程中得到更充分的运用，如对于旅游发展碳排放的界定等。

第10条 善行旅游的实施

遗产地旅游发展中政府对遗产保护和开发负有最为主要的责任。

包括旅游者、居民、企业和从业者、媒体等在内的所有参与者均应当同心协力遵循和实施善行旅游的原则。

旅游发展中的利益相关者应当承认那些在旅游促进与发展、人权保护、健康环境等领域有管辖权的国际机构和非政府机构的作用——如联合国教科文组织。在事关准则的解释出现争议时，应当向联合国教科文组织提出解释的需要。

应保证实施监督和效应监测的有效性，确保善行旅游原则的完整和准确的执行。

第四章 中国世界遗产地善行旅游调研

2012年11月，调研团队分别对四川九寨沟、青城山-都江堰、山东泰山、浙江杭州西湖及山西平遥古城进行了实地调研。调研采取问卷与访谈相结合的形式：在各个调研地分别发放针对遗产地居民、从业者和旅游者的问卷，在问卷发放过程中选择较具有代表性的受试者进行随机访谈。此外，调研团还分别与各调研地的管理者进行了小规模的座谈，取得了大量的一手数据。

问卷分析主要着重从整体把握与分析目前中国的旅游发展中旅游如何对遗产保护以及人的发展产生影响、产生了什么样的影响，以及不同利益群体对这些影响的感受与认知。在操作中，将该目标具体分解为以下几方面的指标进行测量：①遗产保护指标，是指遗产地自然与文化资源质量，包括生物多样性、文化多样性、自然景观、文化景观、遗产的真实性与完整性；②社区发展指标，即遗产地社区发展状况，包括配套基础设施建设、居民收入、医疗、教育与性别平等发展；③遗产旅游发展指标，即自然与文化资源作为遗产地旅游发展的核心吸引力，其在旅游活动中的价值体现，包括目的地规划、遗产地自然历史文化介绍与讲解、旅游线路与旅游产品设计与提供；④社区满意指标，即社区居民对遗产地开发旅游的满意度，包括经济发展、基础建设及配套资源、生态环境、人文环境、文化交流等；⑤游客满意指标，即旅游者对遗产地的满意度，包括生态环境、文化遗产、旅游配套资源、深度体验项目、停留时间、社会/文化交流、旅游消费构成等；⑥从业者满意指标，即旅游从业人员（以规划者、管理者、旅游顾问、讲解与导游、旅游者关系、安保等群体为主）对本职工作的认同感，包括遗产地旅游发展愿景、旅游发展规划、旅游项目、工作绩效评价体系等。

访谈则侧重寻找与总结遗产地旅游发展活动在善行旅游项目范畴内共同面对的挑战、经验与值得推广与借鉴的最佳实践，主要包括：①合作模式，即遗产地管理与规划的磋商机制（如何形成遗产地的旅游发展愿景及发展规划、旅游部门与社区的互动机制）；②旅游经营经验，即遗产地旅游接待的挑战与经验，如当旅游者数量超过最佳接待人数时，如何平衡淡季旺季的旅游者人数；接待团队游、自助游及国际旅游者的针对性方案；旅游遗产地标识/解说/讲解等；③行业管理模式，主要是指促进旅游从业人员践行善行旅游项目所倡导的目标的已有经验，包括激励机制、评价体系和管理创新等；④旅游收益分享与再投资机制，包括如何确定遗产地门票价格、遗产地收益分配机制、旅游收益对遗产地的遗产保护、旅游项目开发与社区发展的再投入方案等。

本章将分别对五个遗产地的调研结果进行分析。通过问卷调研结果的分析，初步揭示出各个遗产地的遗产保护及旅游发展现状，并从各个旅游业利益相关者的视角对旅游发展状况进行评估；实地访谈则分别对各遗产地在旅游发展过程中面临的挑战与积累的经验进行总结。在此基础上，本书第五章对我国遗产地的旅游总体发展现状进行分析，并对总体调研报告作梳理和总结，为善行旅游的实践与推广提供支持。

第一节　九寨沟调研结果分析

调研团队于2012年11月12日至2012年11月17日对九寨沟进行了调研，共发放游客问卷150份，收回有效问卷95份；发放从业者问卷100份，收回有效问卷72份；发放遗产地居民问卷150份，收回有效问卷65份。问卷调研部分评估了九寨沟遗产保护及旅游发展现状、旅游影响以及利益相关群体的满意度，并对未来善行旅游的各项指标进行了测量；访谈部分则主要是对九寨沟旅游发展的经验与挑战作了总结。

一、问卷调研结果分析

（一）遗产保护现状分析

作为世界自然遗产地，九寨沟拥有奇特的水体景观、类型多样的地貌、保存完好的冰川遗迹和多样的生物种质资源。同时，世代居住在沟内的藏族、羌族等少数民族同胞以其勤劳勇敢的天性在长期的生产生活过程中创造了灿烂的少数民族文化。问卷设计了"自然资源保存状况"与"风俗习惯和文化特色保存状况"两个变量，来测量游客、居民和从业者等不同利益相关群体对九寨沟遗产保护现状的认知。

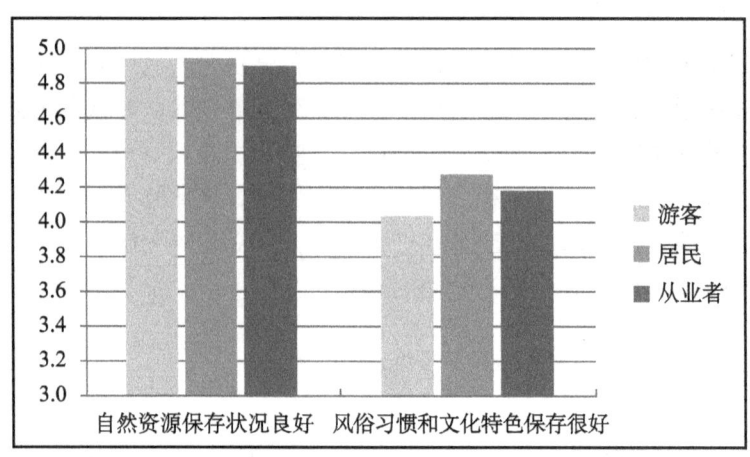

图 4-1　不同利益相关者对九寨沟遗产保护现状的认知

由图 4-1 可知，不同利益相关群体对于九寨沟遗产保护的认可程度都比较高，平均分均超过 4 分。但对自然资源保护状况的评价明显地高于对风俗习惯和文化特色保存状况的评价，这一方面是由于与九寨沟的文化资源特色相比，其独特的自然资源更引人注目，但另一方面也反映出，随着社会的快速发展，传统风俗习惯和文化逐渐被现代文明取代。因而，如何在旅游业快速增长的背景下更好地保存当地历经传承的传统文化，是当地的管理者所要面对的一个问题。

（二）旅游发展现状分析

问卷通过旅游项目、导览信息、线路规划等 14 个指标对九寨沟旅游发展的现状进行评估。经信度检验，14 个指标的克朗巴哈信度系数（Cronbach's Alpha）值达到 0.870，数据内部一致性良好（表 4-1）。将游客、居民和旅游业从业者三类人群的指标评分进行对比可以发现，在某些指标上，三者的评价十分相似，而其他指标则差异较大。具体说来，在景区内部交通便利、治安状况良好、环境卫生良好这三个指标的评分上，三者都一致给出了较高的评价（均高于 4 分），这说明九寨沟在交通、治安和环境卫生方面的工作确实做得非常到位。例如，景区内部交通采用绿色环保观光车，游客购票乘车进沟后，可在各景点处下车或上车；观光车在景点所对应的车站上下客人，十分便利，既保护了沟内环境，又能让不太宽敞的盘山道路畅通无阻，同时增加沟内接待人数。比较有趣的现象是,在涉及管理和服务的指标评分上(如旅游项目丰富、线路规划合理、配套服务完善、门票价格合理、旅游消费物价合理及工作人员服务态度等),旅游从业者的评分往往远高于居民和游客;而在居民状况方面,居民对自身形象的评价则高于其他二者,这也说明了评价者由于立场不同,在进行评价时往往会带有一定的主观性。

表 4-1 九寨沟旅游发展现状部分可靠性统计量

Cronbach's Alpha	基于标准化项的 Cronbach's Alpha	项数
0.870	0.873	14

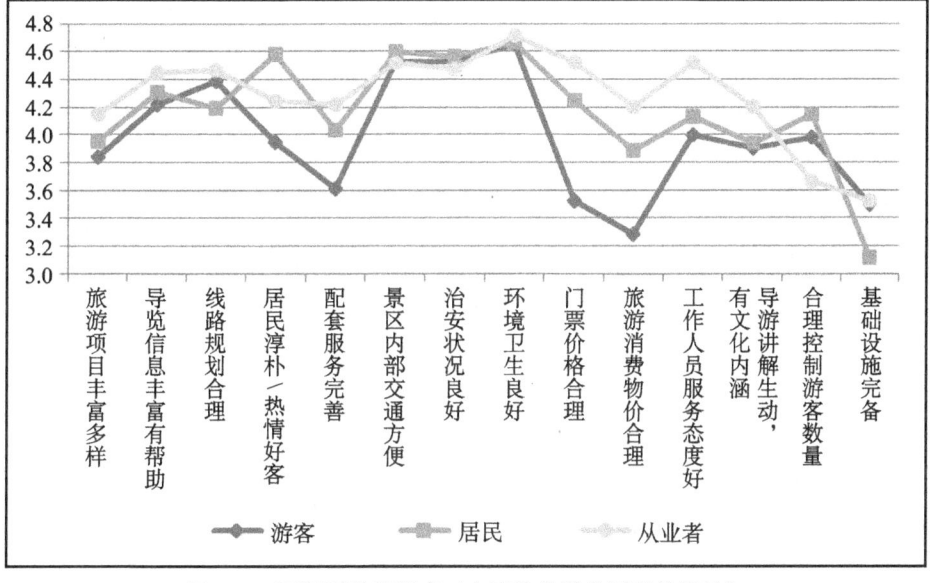

图 4-2 不同利益相关者对九寨沟旅游发展现状的认知

(三)九寨沟旅游影响分析

问卷通过 7 个正面影响指标与 6 个负面影响指标,来评估旅游发展对九寨沟产生的影响。经问卷可靠性检验,7 个正面影响指标 Cronbach's Alpha 值达到 0.781,6 个负面影响指标 Cronbach's Alpha 值达到 0.805,数据一致性较好(表 4-2)。由图 4-3 可以看出,旅游发展为九寨沟带来的最受认可的指标是经济发展和居民收入增加,但相对而言,最大的负面影响是使物价上涨和当地居民贫富差距变大。因此，在旅游发展过程中，保障当地居民的基本生活福利和促进利益的合理分配也是需要管理者重视的问题。此外，与经济发展和自然资源保护相比，当地文化资源的保护与开发利用仍有较大提升空间。

表 4-2　九寨沟旅游发展现状部分可靠性统计量

	Cronbach's Alpha	基于标准化项的 Cronbach's Alpha	项数
正面影响指标	0.781	0.784	7
负面影响指标	0.805	0.806	6

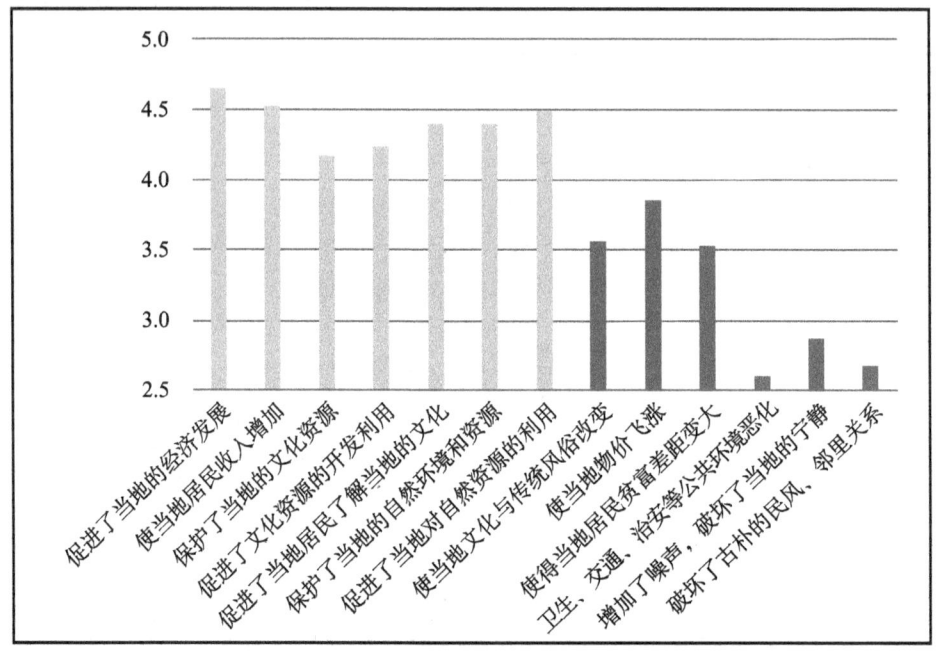

图 4-3　九寨沟旅游影响分析

（四）游客满意度分析

1. 游客各项满意度描述性分析

经问卷可靠性检验，10 项指标 Cronbach's Alpha 值达到 0.883，数据一致性较好。总体来说，游客对九寨沟的满意度较高，其中对当地资源、景区管理及向他人推荐的意愿远远高于平均值 4.07，但在文化、旅游项目和消费价格方面，满意度相对较低。

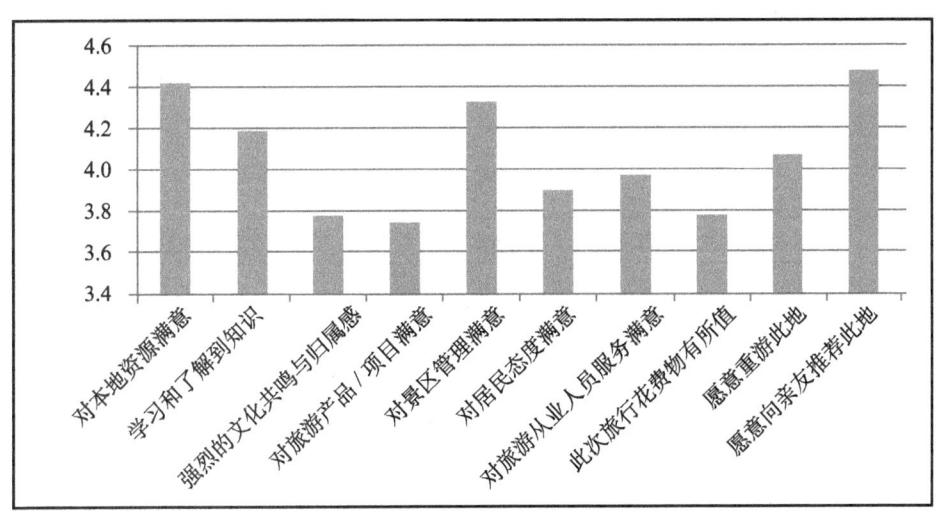

图 4-4 游客对九寨沟满意度评估

2. 旅游者整体满意度影响因素分析

旅游者是旅游活动的重要组成部分，游客满意度关乎景区的重游率、推荐度。因此，有必要对游客满意度的影响因素进行分析，找出对其影响较大的因素并进行优化提升。问卷侧重分析自然遗产、文化遗产、基础设施建设、旅游规划、旅游服务及价格等因素对游客整体满意度的影响。其中，自然遗产因素主要通过"风景优美""自然资源保存状况良好"两项指标来衡量；文化遗产因素通过"历史文化保存状况良好""当地风俗习惯保存状况良好""能使人产生强烈的文化共鸣与归属感"三项指标来衡量；基础设施建设由"环境卫生状况良好""治安状况良好""遗产地所在地区基础设施完备，教育医疗水平较好"三项指标来衡量；旅游规划由"旅游线路规划合理""餐饮、住宿、购物、休闲配套合理""景区内部交通方便""合理控制游客数量"四项指标来衡量；旅游服务因素通过"工作人员服务态度""导游讲解生动，有文化内涵""景区管理有效程度""居民热情好客/民风淳朴"等四项指标来衡量。游客整体满意度则由"此次旅行的花费物有所值""愿意重游此地""愿意向亲朋好友推荐此地"三个指标构成。

在 SPSS 软件中，将自然遗产、文化遗产、基础设施建设、旅游规划、旅游服务及旅游价格六个因素作为预测变量，将旅游满意度作为目标变量，运用强迫进入变量法对上述因素进行回归分析。通过积差相关矩阵分析，六个预测变量呈现中低度相关，相关系数介于 0.242 与 0.7 之间；六个预测变量与目标变量之间呈现中度相关，相关系数介于 0.416 与 0.602 之间，较为适合进行多元线性回归分析。

表 4-3 积差相关矩阵结果

	游客满意度	自然遗产	文化遗产	基础设施	旅游规划	旅游服务	旅游价格
游客满意度	1	0.558	0.416	0.417	0.564	0.602	0.526
自然遗产	0.558	1	0.321	0.242	0.409	0.365	0.422
文化遗产	0.416	0.321	1	0.476	0.463	0.428	0.367
基础设施	0.417	0.242	0.476	1	0.659	0.699	0.531
旅游规划	0.564	0.409	0.463	0.659	1	0.7	0.495
旅游服务	0.602	0.365	0.428	0.699	0.7	1	0.448
旅游价格	0.526	0.422	0.367	0.531	0.495	0.448	1

在回归模型摘要表中，多元相关系数平方（R^2）统计量等于其改变量 0.550，即六个预测变量能够解释目标变量 55.0% 的变异量。

表 4-4 回归模型摘要

R	R^2	调整后的 R^2	估计的标准误	变更统计量			Durbin-Watson 检验
				R^2 改变量	F 改变量	显著性 F 改变	
0.742	0.550	0.520	0.61172	0.550	17.957	0.000	1.634

在多元共线性检验中，容差介于 0.390 与 0.720 之间，方差膨胀系数（VIF）均在 3.0 以下，未大于评鉴指标值 10.0。因此，进入回归的各预测变量之间多元共线性问题并不明显。将回归系数与回归系数显著性检验结果进行整理如下（表 4-5）：

表 4-5 遗产保护、基础设施、旅游规划等对游客满意度的多元回归分析摘要表

预测变量	B 值	标准误	Beta	t 值
截距	-0.759	0.794		-0.956
自然遗产	0.521	0.159	0.275	3.268*
文化遗产	0.121	0.103	0.1	1.171n.s.

续表

预测变量	B值	标准误	Beta	t值
基础设施	−0.288	0.183	−0.18	−1.569n.s.
旅游规划	0.187	0.144	0.145	1.303n.s.
旅游服务	0.446	0.132	0.382	3.379***
旅游价格	0.167	0.067	0.226	2.478*
R=0.742	R^2=0.550	调整后 R^2=0.520	F=17.957	

由表4-5可以看出，对九寨沟游客满意度有显著正向影响的三个因素分别为"自然遗产保护程度""旅游服务"和"旅游价格合理"，其Beta系数绝对值显著大于其他三个因素，表示这三个因素对九寨沟游客满意度具有较大的影响力。而在"旅游服务"和"旅游价格管理"方面，九寨沟还有一定的提升空间。

（五）九寨沟社区满意度分析

问卷通过六个指标来评估九寨沟社区居民对现状的满意度，并将九寨沟居民分布划分为核心区（沟内）和非核心区（沟外）两部分进行对比。总体来说，九寨沟居民对旅游业的发展持乐观态度，参与热情和参与度都相对较高。这显示出旅游发展确实为九寨沟社区居民生活水平的改善创造了条件。

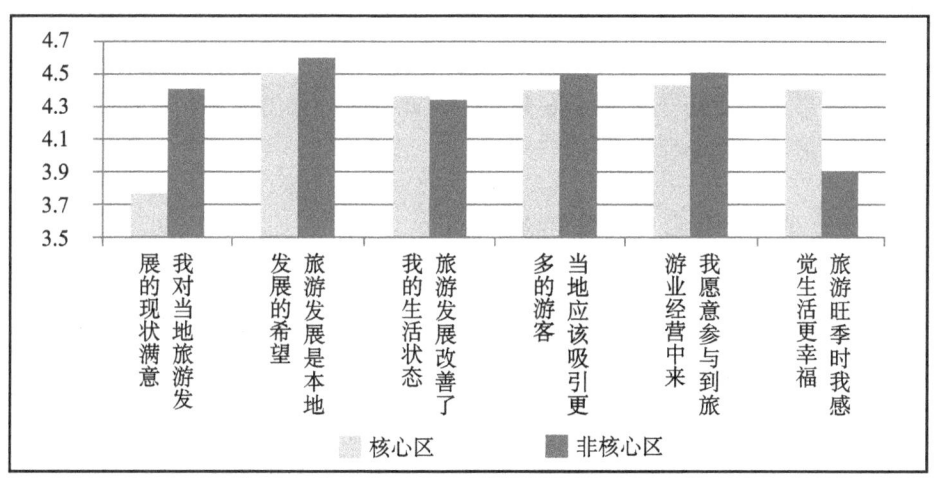

图4-5 核心区与非核心区居民的满意度对比

然而，将居民按照居住地点分别来看，其各项满意度之间却略有差异。尽管两组居民都一致认为旅游业是本地发展的希望，但显然核心区居民对发展旅游业的满意度低于非核心区居民，这部分原因是由于为了保护景区的生态景观，核心区的居民在生活和经营上会受到一定的限制，且由于游客量的增加导致交通不便等问题，他们反而没有非核心区的居民更加希望吸引更多的游客。相对而言，非核心区的居民生活受旅游淡旺季的影响略低于核心区居民，而他们想参与旅游经营的愿望也相对较高。

调研结果也反映出了国内很多遗产型景区普遍存在的问题：景区内居民的分红和外迁。九寨沟景区在居民补偿和安置方面做得比较成功。

（六）九寨沟旅游从业者满意度分析

问卷用 15 个指标对旅游从业者的满意度进行评估，分别为对景区管理的满意度、对景区管理的期望和自身发展的满意度。以"当地整体经营管理较好""有效管理使当地资源得到了保护""有效管理使当地居民获益"三项指标测量从业者对管理成效的满意程度，以"应开发更多旅游项目""管理水平需要进一步提高"及"需要更多专业人才"测量从业者对景区管理的期望，以"我热爱我的工作"等九项指标测量从业者对自身发展的满意度。经问卷可靠性检验，15 个指标 Cronbach's Alpha 值达到 0.781，6 个负面影响指标 Cronbach's Alpha 值达到 0.805，数据一致性较好。由图 4-6 可以看出，从业者对于景区的管理成效是持积极肯定态度的，得分均高于 4 分；在自身发展方面，对于薪酬水平及绩效机制的满意度较低，但对工作的认可程度却较高，并愿意从事旅游业相关工作（图 4-7）。由此可见，大多数从业者对九寨沟旅游业发展前景持乐观态度。

（七）对未来旅游发展期望的评估

问卷使用 14 个指标测量游客、居民和从业者对于他们心中未来九寨沟旅游发展的期望。三组人群并没有显著差异，游客、居民和从业者都希望未来旅游发展能够保护遗产地的自然资源和环境，并促进当地社区和游客共同发展。三者期望值最高的三个指标见表 4-6。

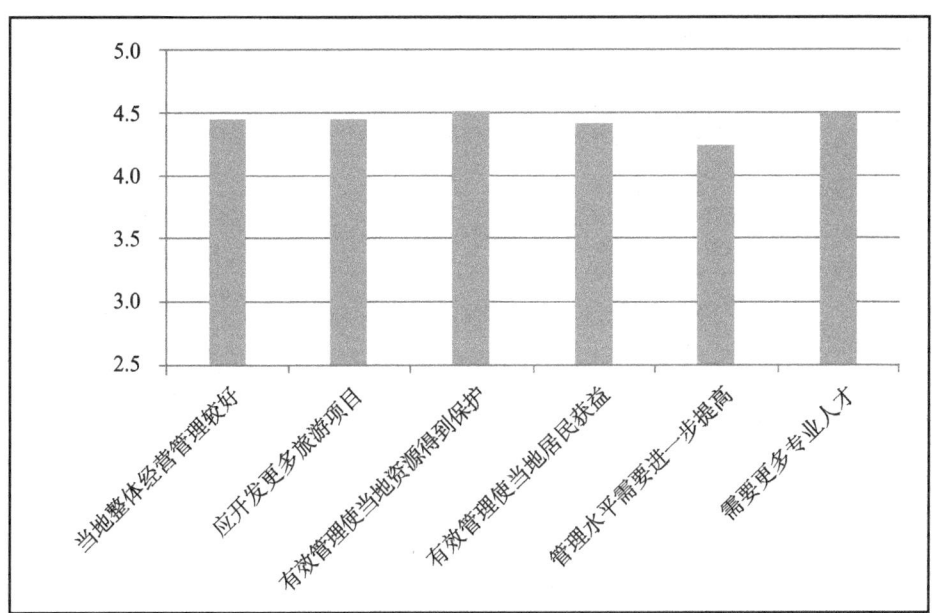

图 4-6　九寨沟旅游从业者对景区管理的满意度评估

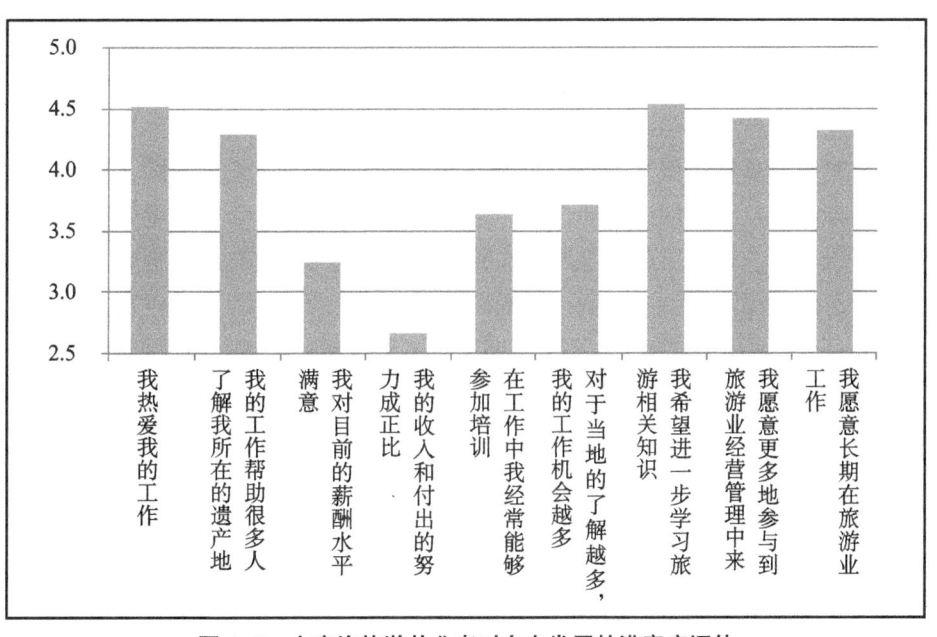

图 4-7　九寨沟旅游从业者对自身发展的满意度评估

表 4-6　未来旅游发展期望评估

	游　客	居　民	从业者
期望值最高的三个指标（由高到低排序）	①保护旅游地的自然资源与环境	①保护旅游地的自然资源与环境	①保护旅游地的自然资源与环境
	②应该将旅游的收益更多地用于资源保护	②促进旅游地的经济发展	②游客爱护环境，尊重地方居民
	③促进旅游地的经济发展	③促进当地社区的发展	③应该将旅游的收益更多地用于资源保护

二、九寨沟旅游发展的经验与挑战

（一）九寨沟旅游发展的经验

九寨沟景区历经30多年的实践，探索并创建了"保护型发展模式"，在全国率先建设"智慧景区"，成为全国生态旅游和保景富民的典范。

在宏观层面上，九寨沟景区管委会因为具备与九寨沟县政府平行的行政级别，有利于加强景区对遗产资源的保护力度以及工作协调力度。景区经营的收益归阿坝州政府，再通过行政经费下拨，确保景区内的资源保护、社区发展、经营、人才培训、科研等事业支出。具体说来，九寨沟旅游发展的经验主要如下：

1. 重视科研，严格保护生态环境

坚持科学保护，建立了较为完善的大气、水资源、生物多样性、森林病虫害等监测系统，不断加强对外合作，深入开展科学研究，景区环境质量一直稳定在一级以内，保证了遗产地原真性和完整性。九寨沟成立了九寨沟生态环境与可持续发展国际联合实验室、九寨沟风景名胜区博士后科研工作站，与国内外著名高校、科研院所展开了广泛合作，为九寨沟的可持续发展提供科学依据。2012年9月18日，国家科技部批准九寨沟生态保护国际联合研究中心成立，这是我国目前唯一一家以景区管理机构为依托单位的国际联合研究中心。

2. 依托技术，推进智慧化建设

重视技术引领，不断依托国家重大科研项目推进智慧景区建设。通过国家"十五"重点科技攻关项目、国家863重大专项、国家科技支撑计划项目、国家自然科学基金跨国合作重大项目、国家国际科技合作专项等的实施，开发了景区网格化管理平台，掀起了智慧景区建设浪潮，深受业界好评。

九寨沟景区智能化管理与服务平台采用精细化的单元网格化管理办法，结合可量测实景影像技术，再造景区精细化管理流程。管理者在景区智能化管理与服务中心可以监测到整个景区各景点的基本情况，包括及时信息以及突发事件等，以便于及时处理，这也为九寨沟景区的长效、高效管理提供了一个软件支撑平台。

这个系统的功能主要是对景区基本维护、突发事件以及对游客流量和服务等方面的管理。景区被划分成网格，每个网格都有人负责。景区一线员工在景区内发现问题，如栈道损坏，可以用3G手机拍照之后，上报到景区的指挥中心，由指挥中心发给相应职能部门；职能部门处理完之后，再把结果发给发现问题的员工，请其核查处理结果。2005年，九寨沟景区在全国最早实行数字化管理。随着旅游经济和景区管理水平的不断发展，2010年7月，九寨沟管理局开始景区网格化管理的试点工作，在数字化管理的基础上创建了集视频、物联网等技术于一体的网格化管理。

3. 确立规范，实行标准化管理

坚持标准化引领战略。通过标准化建设，科学制定极具九寨沟景区特色，融合国家标准、行业标准、地方标准和企业标准四位一体的旅游标准体系，包括服务标准47项、管理标准78项、工作标准149项，构建了兼具科学性、系统性和实践性的旅游标准化管理、运营模式，实现了服务质量、品牌形象和综合效益的三大提升。2012年3月26日，九寨沟被国家旅游局批准为首批全国旅游标准化示范单位。

4. 强化服务，优化旅游环境

始终坚持"一切围绕游客，一切为了游客"的九寨服务理念，履行"不让一位游客留下遗憾，不让一位游客受到委屈"的九寨服务承诺。实行环境卫生"动态保洁"、公厕专人管理；完善景区解说系统，设置武警和专职秩序维护人员、投诉点和咨询处；规范经营，坚持每天巡查督察，杜绝乱摆摊设点和强买强卖；强化旅游安全，完善安全设施，设立救护中心，建立应急抢险体系。景区坚持不懈地听取消费者、居民、领导等方的相关意见。景区投诉以及景区管理要实现投诉后满意度100%的目标。营销处还会采用发放调查表的方式来调查游客的满意度。

5. 保景富民，构建和谐社区

设立居民管理办公室，加强对居民的培训和政策扶持，促进社区参与旅游发展，切实保障社区居民的合法权益。多渠道、多形式吸纳社区居民参与旅游经营和景区管理，形成社区共管局面。景区与沟内居民成立联合经营公司，以"十大惠民行动"推进和谐景区建设。2012 年，阿坝州委州政府研究决定，出资 1.4 亿元支持景区经营外迁项目建设。景区的旅游发展增加了地方财政，提高了藏区人民的收入，改善了原住民的生活状况。

九寨沟景区的居民因居住地点的差别可以分为在沟内居住的核心区居民和在沟外居住的非核心区居民。为了补偿核心区居民所受的景区内旅游业发展的限制，景区对核心区居民给予最低生活保障，并通过门票分红进行补贴。为进一步平衡核心区与非核心区居民的利益，景区正在实行沟内居民外迁项目。

6. 人才强局，增强景区巧实力

坚持人才强局战略，注重学习型组织建设，大力引进和培养人才。景区注重以项目和课题为支撑，通过九寨沟国际联合实验室和九寨沟博士后科研工作站引进科研技术类候鸟型人才，聘请李德仁院士等作为专家顾问，引进外籍人才 15 人。定期举办智慧景区论坛，深入推进培训工作，不断增强景区发展巧实力。除此之外，景区注重在职员工的培训与进修。管理局每年有专项培训经费，在淡季的时候安排培训，个人和集体的形式都有，培训内容包括环境保护、旅游管理、生态保护等方面；同时，景区还会外派人才到发达国家进行交流和培训。

除此之外，九寨沟以外出讲座的形式将九寨沟的经验和各旅游地一起分享，帮助其他旅游地发展。

（二）九寨沟旅游发展的挑战

九寨沟旅游在发展中也遇到很多挑战，主要在于人才管理方面。针对九寨沟景区管委会工作人员的调查问卷结果显示，工作人员对自己的工作和景区的成功有很强的认同感。93% 的答卷者认为当地整体经营管理较好，88% 的答卷者表示热爱自己的工作。但是，55% 的答卷者表示对薪酬水平不满意，54% 的答卷者认为自己的收入和付出的努力没有挂钩。另外，客观条件方面仍有一定的局限性。九寨沟景区的地理位置较为偏僻，虽然景区旅游开发已经有 30 多年的历史，但是当地的医疗、教育等基础设施仍较为薄弱，这极大地影响了景区引进人才和当地社区的均衡发展。

第二节 平遥古城调研结果分析

调研团队于 2012 年 11 月 19 日至 2012 年 11 月 24 日对山西平遥古城的遗产旅游状况进行了调研及访谈，共发放游客问卷 150 份，收回有效问卷 139 份；发放从业者问卷 100 份，收回有效问卷 90 份；发放遗产地居民问卷 150 份，收回有效问卷 142 份。问卷部分评估了平遥古城遗产保护及旅游发展现状、旅游影响以及利益相关群体的满意度，并对未来善行旅游的各项指标进行了测量；访谈部分则主要是对平遥古城旅游发展的经验作了总结。

一、问卷调研结果分析

（一）遗产保护现状分析

问卷设计了"自然资源"与"风俗习惯和文化特色保存状况"两个变量，来测量游客、居民和从业者等不同利益相关群体对平遥古城遗产保护现状的认知。

表 4-7　不同利益相关者对平遥古城遗产保护现状的评估结果

变　量	游　客	居　民	从业者
自然资源保存状况	4.4029	4.3803	4.1515
风俗习惯和文化特色保存状况	4.3813	4.4859	4.3182

由表 4-7 可知，不同利益相关群体对平遥古城遗产保护的认可程度一致比较高，平均分均超过 4 分，这说明平遥古城的遗产保护工作的确有显著成效。

（二）旅游发展现状分析

问卷通过旅游项目、导览信息、线路规划等 14 个指标，对平遥古城旅游发展的现状进行评估。将游客、居民和旅游业从业者三类人群的指标评分进行对比，可以发现，在某些指标上，三者的评价十分相似，而其他指标则差异较大。具体说来，居民和游客对各项指标评价较高，而从业者则较低，这说明从业者在这些指标上对自身的要求反而较高。在工作人员服务态度上，三者都给出了较高的评价，说明游客、居民和从业者对工作人员的态度都比较满意；而在基础设施方面，从业者认为基础设施还存在较大的提升空间。

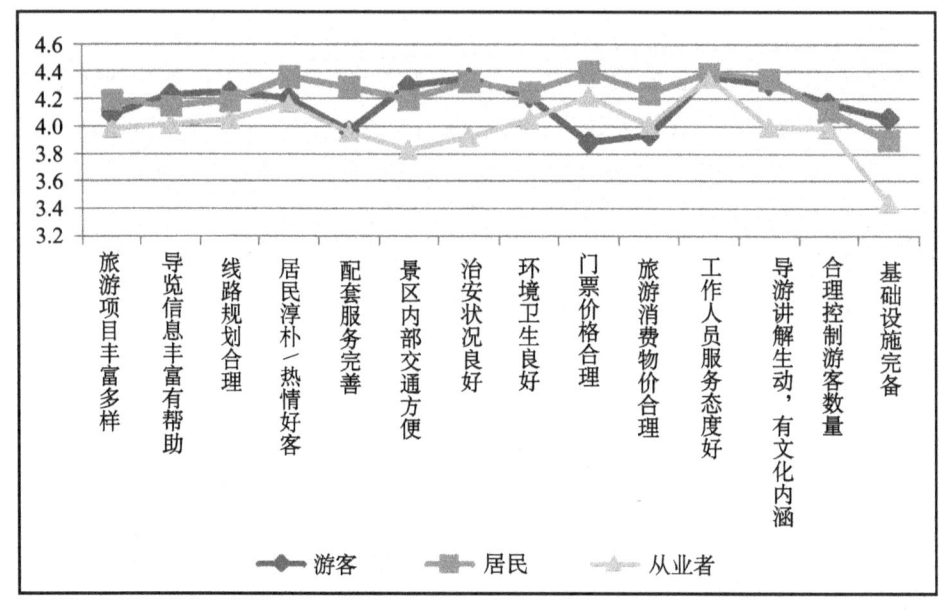

图 4-8　不同利益相关者对平遥古城旅游发展现状的认知

（三）平遥古城旅游影响分析

问卷通过 7 个正面影响指标与 6 个负面影响指标，来评估旅游发展对平遥古城产生的影响。由图 4-9 可以看出，旅游发展为平遥古城带来的正面影响受到了广泛肯定，其中最受认可的指标是促进了当地经济发展和促进了当地文化资源的保护和开发利用；而与九寨沟相似，最大的负面影响是使物价上涨和当地居民贫富差距变大。可以看出，物价上涨和贫富差距问题是旅游景区在发展过程中普遍出现的问题。

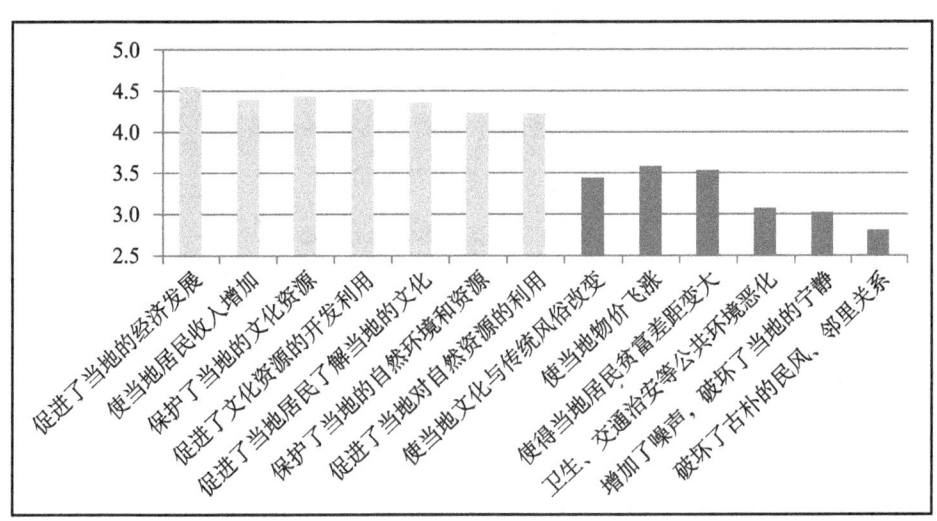

图 4-9 平遥古城旅游影响分析

(四)平遥古城游客满意度分析

1. 游客各项满意度描述性分析

总体来说,游客对平遥古城的满意度较高,尤其是对古城的资源和文化评价较高,但对于其旅游产品(项目)及物价的评价较低。

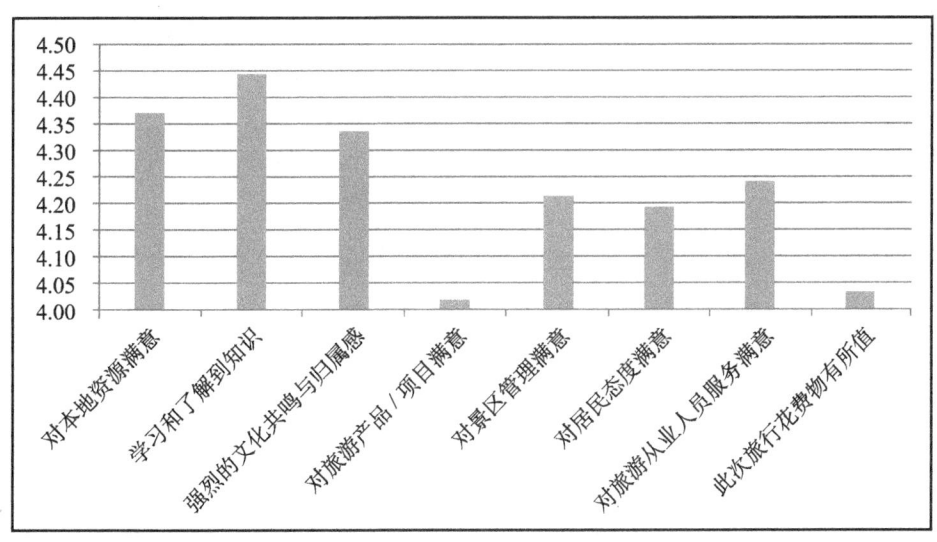

图 4-10 游客对平遥古城旅游满意度评估

2. 游客未来的参与程度评估

对于游客而言,参与度主要指标是重游与推荐。表4-8的数据表明,重游和推荐率都比较高,赞同重游的旅游者占74.1%,愿意推荐的旅游者占87.0%,说明旅游者对于山西平遥总体还是满意的。

表4-8 山西平遥游客满意度调查

是否会重游	频 率	百分比	是否会推荐	频 率	百分比
不赞同	4	2.9	不赞同	3	2.2
比较不赞同	9	6.5	比较不赞同	3	2.2
中 立	23	16.5	中 立	12	8.6
比较赞同	41	29.5	比较赞同	49	35.2
赞 同	62	44.6	赞 同	72	51.8
合 计	139	100.0	合 计	139	100.0

(五)平遥古城居民满意度分析

居民6项满意度指标的均值也都在4分以上,其中最认同的是旅游发展是当地的希望、当地应该吸引更多的游客。可见,当地居民对于旅游发展的认可度一致较高。

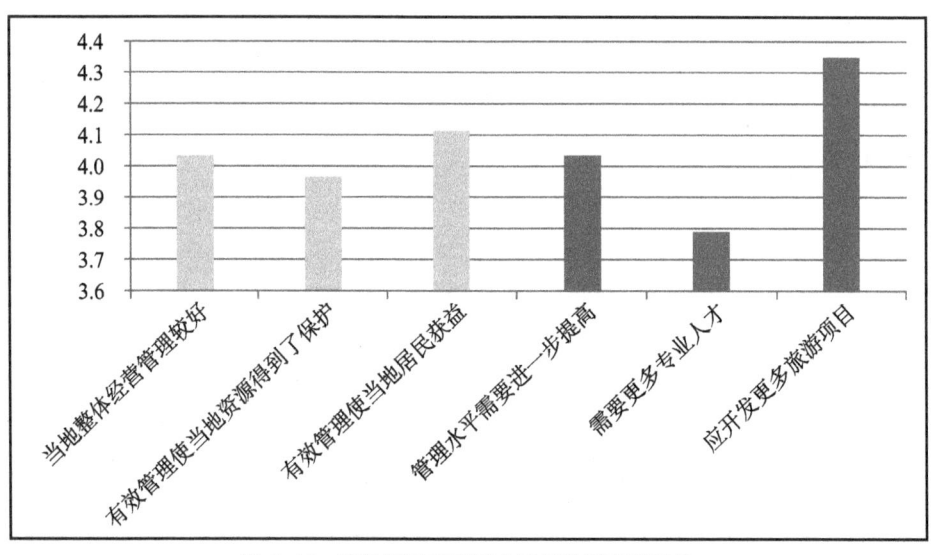

图4-11 当地居民对平遥古城旅游满意度评估

（六）平遥古城旅游从业者满意度分析

问卷用 15 个指标测量旅游从业者的满意度，分为三个方面：对景区管理的满意度、对景区管理的期望和自身发展的满意度。由图 4-12 可以看出，从业者对于景区的管理成效是持积极肯定态度的，得分都在 4 分左右；在自身发展方面，对于薪酬水平及绩效机制的满意度较低，但对工作的认可程度却较高，并愿意从事旅游业相关工作（图 4-13）。由此可见，大多数从业者对平遥古城旅游业发展前景持乐观态度。

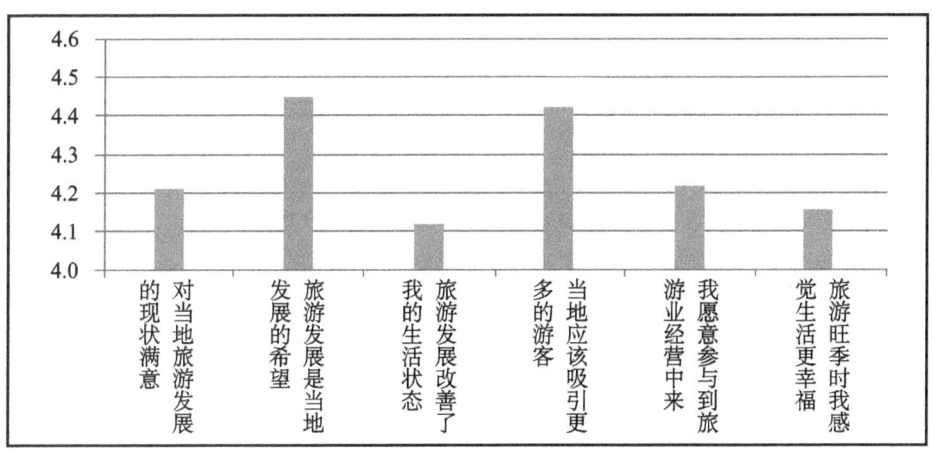

图 4-12　平遥古城旅游从业者对景区管理的满意度评估

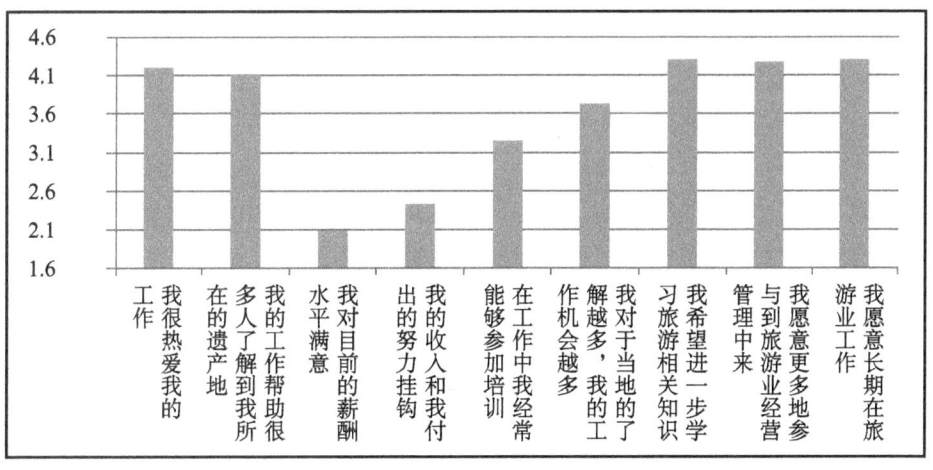

图 4-13　平遥古城旅游从业者对自身发展的满意度评估

(七)对未来旅游发展期望的评估

问卷使用了14个指标测量游客、居民和从业者对于他们心中未来平遥古城旅游发展的期望。三组人群并没有显著差异,游客、居民和从业者都希望未来旅游发展能够保护遗产地的自然资源和环境,并促进当地社区和游客共同发展。三者期望值最高的三个指标见表4-9。

表4-9 平遥古城未来旅游发展期望评估

	游 客	居 民	从业者
期望值最高的三个指标（由高到低排序）	①保护旅游地的自然资源与环境	①保护旅游地的自然资源与环境	①保护旅游地的自然资源与环境
	②应该将旅游的收益更多地用于资源保护	②促进旅游地的经济发展	②游客爱护环境,尊重地方居民
	③促进旅游地的经济发展	③促进当地社区的发展	③应该将旅游的收益更多地用于资源保护

二、平遥古城旅游发展的经验与挑战

(一)平遥古城旅游发展的经验

平遥古城以深厚的人文底蕴吸引了大批国内外游客。总体而言,景区历史资源优厚,开发过程中尽量保持了完整的历史风貌;提供租借自行车和游览电瓶车作为内部交通支持,并尝试加入智慧化元素,利用信息技术手段辅助导览旅游;周边配套设施较完善。在旅游发展过程中平遥的主要经验有以下几点:

1. 坚持依法保护,合理开发利用

平遥县在发展旅游产业的过程中,始终遵循"保护为主、抢救第一、合理利用、加强管理"的方针,始终遵循保护文物就是对历史负责、对未来负责的思想,始终遵循保护文物就是发展旅游的理念,全方位地加强文物保护工作。1998年11月30日,山西省人大常委会颁布了《平遥古城保护条例》,这是全国第一个针对历史文化名城和遗产保护的省级立法,这一条例成为平遥县保护古城的法律依据,成为制定县城建设规划、古城保护规划、旅游发展规划和古城保护管理制度的大纲。根据《平遥古城保护条例》,经山西省政府批准,平遥先后出台了《平遥县县城总体规划》和《平遥县历史文化名城保护规划》《加强文物单位、古城区消防安全管理的规定》和《古城内电气线路改造的方案》《平遥古城消防安全隐患问题整改和基础设施建设方案》等一系列规章制度，使文物保护工作更具操作性，更加具体化，促进了文物保护法制化进程。

2. 居民外迁，有效促进文物保护

1998年以前，古城内有近5万常住人口，多数党政机关和企事业单位聚集在古城内，人口密度比上海、北京等大城市高出十几倍，超负荷的人口密度对保护古城、管理城市及发展旅游带来了很大的困难。为减轻古城人口承载压力，平遥县把古城内单位和人口搬迁作为有效保护古城的重要举措，作为市政建设的重点，持续予以推进。1997年年底，县委、政府、人大、政协率先迁出了古城，至2004年共带动80余个机关和企事业单位搬出古城，累计投资2亿多元，直接或间接带动古城内2万多人口外迁，为保护古城、发展旅游创造了宽松的条件。为配合大规模居民搬迁，平遥县在古城外建了几个居民小区，同时推行集中供热、集中供气，使住在古城内取暖、用气不便的居民自行逐渐搬迁。居民搬迁后，原与古城风貌不相协调的建筑被拆除，古文庙、城隍庙、清虚观、日升昌票号等一系列具有文物价值的建筑和明清宅院相继受到保护，得到应有的原貌恢复。

3. 开发历史街区，以开发促保护

为了更好地保护古城内一大批古民居、古建筑，平遥县从明清街国有房产经营权转让入手，探索政府指导下的社会化发展旅游产业的路径：通过政府出政策、定规划，吸引社会力量投资实施了明清街修复，形成了如今的旅游产业街。以此为契机，采取经营权转让和产权拍卖两种办法，先后对古城内20余处古建筑产权和100余处古建筑经营权进行了公开拍卖；拍卖之后，按照古城保护方面的规定和旅游发展的规划，统一制定维修方案，并严格监督其维修和利用，先后对西大街、东大街、衙门街、城隍庙街、北大街等古城区实施了修复。这样的举措，不仅弥补了古城维修保护资金的不足，而且加快了旅游产业化发展，建成了特色购物、特色餐饮、特色住宿、特色娱乐等方面的几条旅游产业街。以上举措在拉动居民增收、安置国有集体企业下岗职工就业等方面发挥了旅游业独特的辐射力。

4. 改革体制，提高管理效率

为切实加强对古城内3000余间公房的维修管理，2002年平遥县撤销原房管所，成立房管局；为了加强对古城环境卫生的管理，撤销原市容办，成立环卫局；同年实施了以成立城市管理行政执法局、组建平遥古城股份旅游有限公司、实行古城门票"一票制"为主要内容的旅游三项改革，旅游运行管理迈上了一个新的台阶。平遥县在全国的县城中第一个成立城市管理行政执法局及城管监察大队，将8个单位的部分或全部行政处罚权进行集中，充分发挥其力量集中、处罚权集中的优势，在古城保护、旅游市场管理方面发挥了积极作用。为了进一步解决"多头管理"的问题，2013年7月平遥成立了管委会，目前职能正在进一步划分之中。

5. 门票"一票制"，规范旅游市场

平遥古城自1997年被联合国教科文组织列入世界文化遗产名录后，每年吸引着大量游人。随着平遥旅游业的兴起，城中的"黑导游"也如雨后春笋般冒了出来。"黑导游"既没有导游证，也未受过专业培训，他们的任务是将游人引至私人博物馆、饭店、旅馆、商店，并在一切有交易发生的地方收取回扣。"一票制"的实行，有效遏制了"黑导游"猖獗的现象，进一步规范了古城旅游市场秩序。游客购买一次门票，就可以游览古城的主要景点，方便实惠，很适合像平遥这样的景区。平遥县政府还开展了旅游优质服务活动，工商、旅游部门在停车场等游客集中场所设立了现场投诉点，及时解决游客投诉案件。

（二）山西平遥旅游发展的挑战

1. 人才管理的挑战

旅游业是一项新兴产业，涉及面相当广泛，发展旅游业需要一批高素质的研究、规划、策划、管理人才，需要大量有一定文化基础和专业知识、技能的服务人员。总体上看，平遥的旅游人才不足，旅游研究还不够，旅游管理水平不高，服务人员素质偏低。要开发旅游资源，特别是人文资源，就需要对资源本身进行一定的研究，就需要制定可行的开发规划。从平遥旅游业现状来看，中高级管理人员文化层次较低，现代企业制度尚不完善，无法适应市场竞争需求。另一方面，针对山西平遥景区管委会工作人员的调查问卷结果显示，工作人员对自己的工作和景区的成功有很强的认同感。73.3%的答卷者认为当地整体经营管理较好，76.7%的答卷者表示热爱自己的工作。但是，57.8%的答卷者表示对薪酬水平不满意，47.8%的答卷者认为自己的收入和付出的努力没有挂钩，这对于留住人才和引进人才是不利的。

2. 旅游管理的挑战

①旅游要素市场还不完善。尽管平遥县目前已经基本能够满足游客吃、住、行、游、购、娱的需求，但游客反映，感觉在古城的时间较短，游览的景点相似程度大，希望有新的旅游产品；缺少大规模、系列化的旅游购物市场，满足不了游客的多元化消费需求。景区应该在现有的基础上开发新的旅游产品，保持古城的活力。同时，应该加大古城与几个著名大院的联合，开发方便快捷的古城大院一条龙线路。景区应充分利用景区资源，发挥自身优势。

②环境有待提升。游客反映古城的空气有煤烟味，不是很清洁，呼吸不是很顺畅。空气质量在一定程度上会影响古迹的保护，景区应该合理安置高污染的工厂，大力治理环境污染，改善空气质量。

③景区内应严格执行交通管制。景区内道路狭窄，不方便通车。在白天的大部分时段，景区内安静，几乎没有机动车辆。但是，到了下午五六点钟，车辆密集进出，交通秩序较为混乱，景区有较多的电动车，在这个时间段，容易因抢道而发生交通事故。景区内应严格执行限行制度，保证游客游览的安全。

3. 旅游发展与社区的关系

①城内和城外的利益分配制度有待完善。城内的居民主要通过参与旅游业服务获得收入，而城外的居民则需要自主择业。总体而言，城外的居民工作相对辛苦，感觉生活不像城内居民那样安逸轻松。平遥政府和景区应妥善解决这一问题，合理分配景区利益，保证相对公平性，维持景区内外的和谐稳定。

②市民的休闲娱乐场所有待提升。有较多的老年人提议应该增加更多空间，方便老年人的健身活动。应该开发新的公园，供当地居民休闲娱乐使用。

③居民的安居问题。游客追求旅游的真实感，而大多数当地居民不希望自己的生活被游客过多地打扰，二者之间一直存在矛盾。尽管处理起来有难度，但是政府还是会知难而上，努力为百姓办好事，平衡居民和游客的利益。

（三）平遥发展经验对善行旅游项目的启示与借鉴

在遗产地，遗产保护与发展旅游业、促进当地经济增长及居民生活水平改善等问题之间总是存在着一定的矛盾。平遥作为一个遗产型旅游目的地，在长期的遗产保护和旅游发展探索过程中较为成功地实现了三者之间的平衡发展，这对于善行旅游所倡导的旅游目的地利益相关者之间和谐共赢是一个有益的借鉴。主要的借鉴内容如下：

①居民外迁，减轻了古城的人口压力，有效促进了文物保护，给游客以更好的旅游体验，同时提升了当地居民的生活水平。

②历史街区创新性商业开发，满足了旅游发展的需求，形成了特色旅游市场，同时开发也促进了文物保护。此外，也为居民提供了一定的经济收入。

第三节 都江堰-青城山调研结果分析

调研团队于2012年11月17日至2012年11月22日对都江堰-青城山的遗产旅游状况进行了调研及访谈，共发放游客问卷150份，收回有效问卷131份；从业者问卷100份，收回有效问卷78份；遗产地居民问卷150份，收回有效问卷141份。问卷部分评估了都江堰-青城山遗产保护及旅游发展现状、旅游影响以及利益相关群体的满意度，并对未来善行旅游的各项指标进行了测量；访谈部分则主要是对都江堰-青城山旅游发展的经验作了总结。

一、问卷调研结果分析

（一）遗产保护现状分析

问卷设计了"自然资源"与"风俗习惯和文化特色保存状况"两个变量，来测量游客、居民和从业者等不同利益相关群体对都江堰-青城山遗产保护现状的认知。

表4-10 不同利益相关者对都江堰-青城山遗产保护现状的评估结果

	游客	居民	从业者
自然资源保存状况	4.4029	4.3803	4.1515
风俗习惯和文化特色保存状况	4.3813	4.4859	4.3182

由表4-10可知，不同利益相关群体对都江堰-青城山遗产保护的认可程度一致比较高，平均分均超过4分，这说明都江堰-青城山的遗产保护工作的确有显著成效。

(二) 旅游发展现状分析

问卷通过旅游项目、导览信息、线路规划等14个指标，对都江堰-青城山旅游发展的现状进行评估。将游客、居民和旅游业从业者三类人群的指标评分进行对比发现，从业者对各项的评分显著高于居民和游客，即从业者对旅游发展现状更为乐观；而游客和居民较为满意的方面为治安状况和环境卫生（图4-14）。

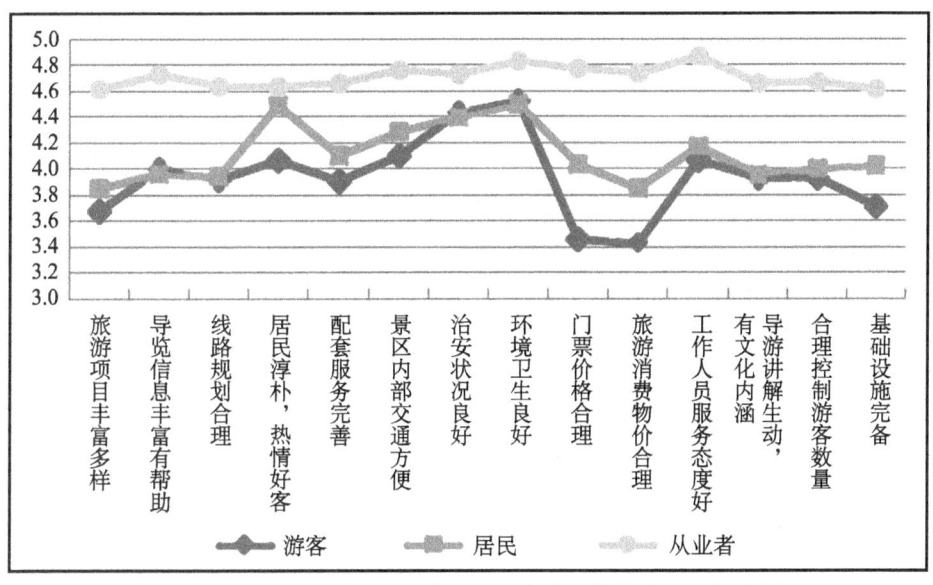

图4-14 不同利益相关者对都江堰-青城山旅游发展现状的认知

(三) 都江堰-青城山旅游影响分析

问卷通过7个正面影响指标与6个负面影响指标，来评估旅游发展对都江堰-青城山产生的影响。由图4-15可以看出，旅游发展为当地带来的正面影响受到了广泛肯定，其中最受认可的指标是在经济和文化方面；而与九寨沟和平遥古城相似，最大的负面影响是使物价上涨和当地居民贫富差距变大。可以看出，物价上涨和贫富差距问题是旅游景区在发展过程中普遍出现的问题。

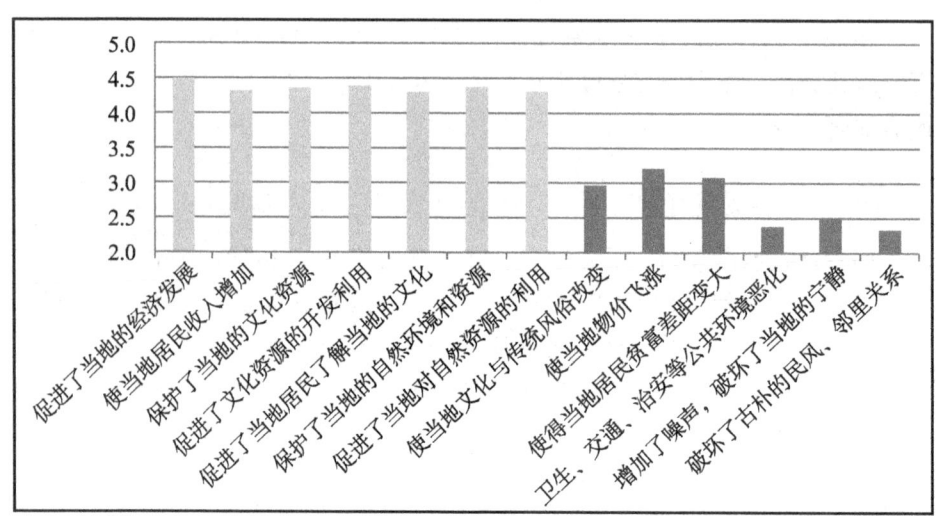

图 4-15　都江堰-青城山旅游影响分析

(四) 都江堰-青城山游客满意度分析

1. 游客各项满意度描述性分析

总体来说,游客对都江堰-青城山的满意度较高,尤其是对旅游资源最为满意,并认为能够了解知识,而对旅游项目和文化归属感的评价相对较低,部分是由于景区参与性的旅游项目较少(图 4-16)。

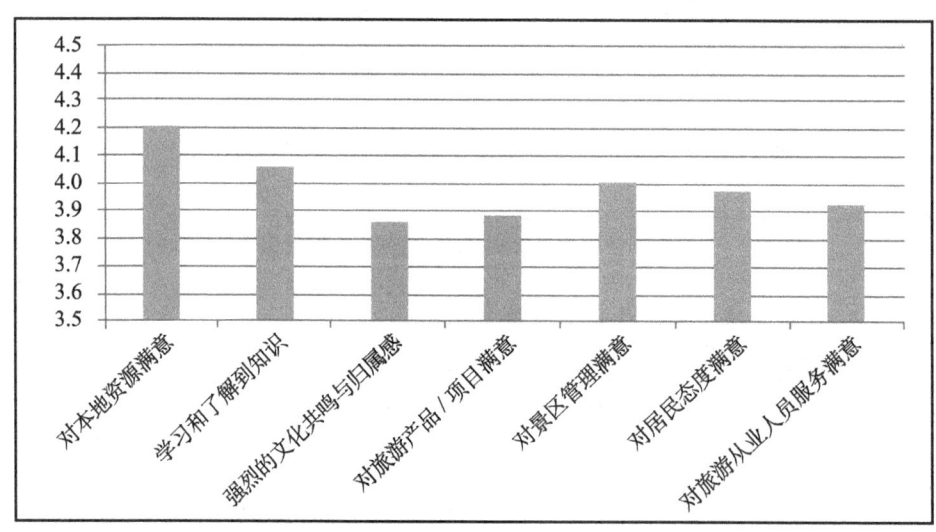

图 4-16　游客对都江堰-青城山旅游满意度评估

2. 游客未来的参与程度评估

游客未来的参与程度主要包括游客的重游与推荐。如表 4-11 所示，推荐率相对较高，总体而言，赞同重游的旅游者占 69.5%，愿意推荐的旅游者占 84.7%，说明旅游者对于都江堰-青城山的旅游状况总体满意。

表 4-11 都江堰-青城山游客对未来的参与程度评估

是否会重游	频 率	百分比	是否会推荐	频 率	百分比
不赞同	8	6.1	不赞同	4	3.1
比较不赞同	8	6.1	比较不赞同	3	2.3
中 立	24	18.3	中 立	13	9.9
比较赞同	55	42.0	比较赞同	57	43.5
赞 同	36	27.5	赞 同	54	41.2
合 计	131	100.0	合 计	95	100.0

（五）都江堰-青城山居民满意度分析

由图 4-17 可知，居民对当地旅游的情况较为满意，对于旅游发展是当地的希望的提法十分认同，但更多的是希望吸引更多游客及更深入地参与到旅游经营活动当中去。

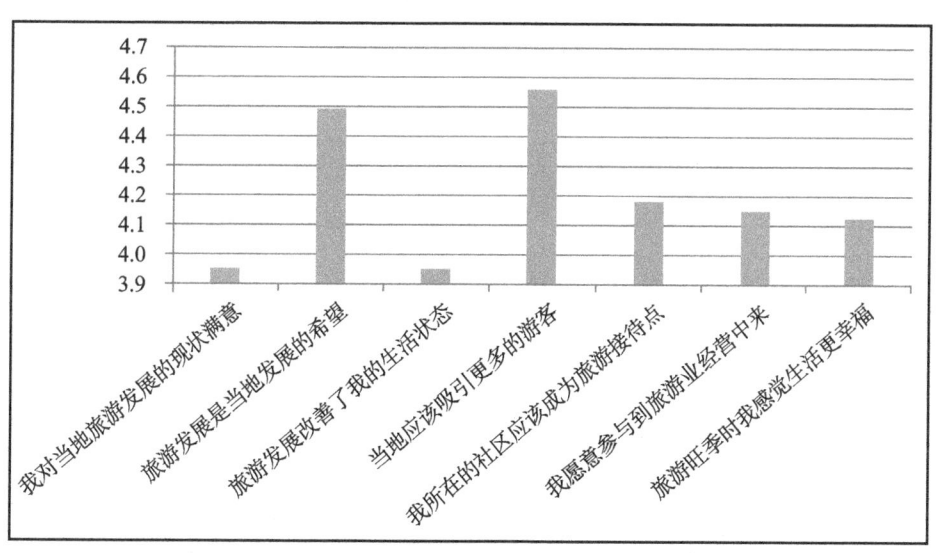

图 4-17 当地居民对都江堰-青城山旅游满意度评估

（六）都江堰-青城山旅游从业者满意度分析

问卷用 16 个指标测量旅游从业者的满意度，分为三个方面：对景区管理的满意度、对景区管理的期望和自身发展的满意度。由图 4-18 及图 4-19 可以看出，从业者对于景区的管理成效是持积极肯定态度的，得分都高于 4 分；而在对景区管理的期望方面，则更多的是希望提高管理水平和引进专业人才；在自身发展方面，对于薪酬水平及绩效机制的满意度较低，但对工作的认可程度却较高，并愿意从事旅游业相关工作。由此可见，大多数从业者对都江堰-青城山旅游业发展前景持乐观态度。

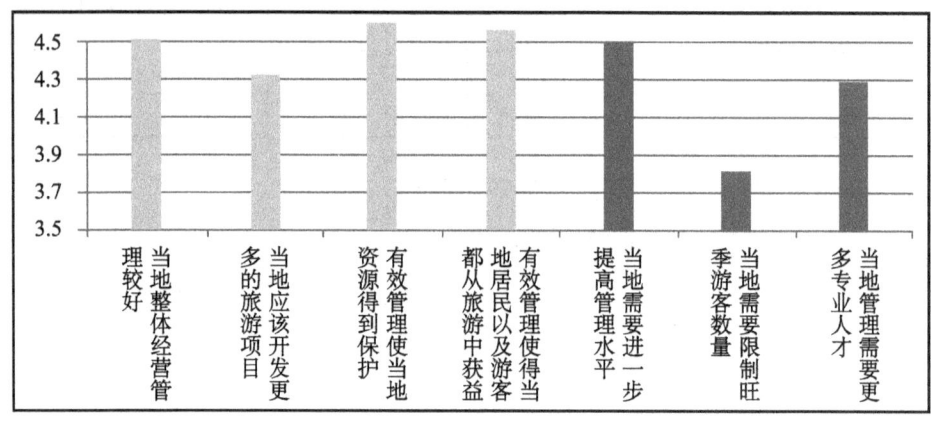

图 4-18　都江堰-青城山旅游从业者对景区管理的满意度评估

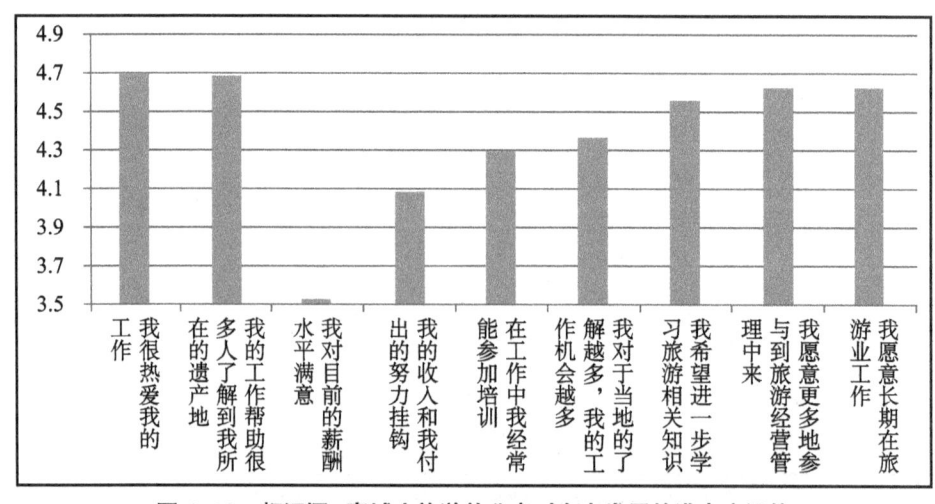

图 4-19　都江堰-青城山旅游从业者对自身发展的满意度评估

(七)对未来旅游发展期望的评估

问卷使用了14个指标去测量游客、居民和从业者对于他们心中未来旅游发展的期望。三组人群并没有显著的差异,游客、居民和从业者都希望未来旅游发展能够保护旅游地的自然资源和环境。具体来看,只是选项上有少许的不同,参见表4-12。

表4-12 不同利益相关者对都江堰-青城山未来旅游发展的期望

	游 客	居 民	从业者
期望值最高的三个指标 (由高到低排序)	①保护旅游地的自然资源与环境	①保护旅游地的自然资源与环境	①保护旅游地的自然资源与环境
	②应该将旅游的收益更多地用于资源保护	②促进旅游地的经济发展	②旅游从业人员友好、诚实
	③保护了旅游地的文化与传统	③当地居民友好,热情淳朴	③促进旅游地的经济发展

二、都江堰-青城山旅游发展的经验与挑战

(一)都江堰-青城山旅游发展的经验

1. 建设数字化景区,以发展促保护

都江堰-青城山景区从2004年起就开始景区数字化、信息化的建设。2006年3月,景区被建设部列入全国18家"数字化景区建设"试点单位;2007年5月,景区《数字化建设总体规划》通过了建设部专家组评审,数字化景区建设有序展开。2007年年底,景区正式被科技部、建设部列入全国12家"数字旅游示范服务"示范景区。

数字化景区建设有利于整合景区旅游资源营销、旅游代理、票务代理和银行支付等社会资源,创新服务模式,在现代服务业共性服务技术支撑下,构建旅游目的地一体化营销服务平台,实现景区门票、线路、交通、住宿和餐饮资源,以及保险代理、票务代理和旅游代理资源网上整合与营销。目前,景区设置200多个监控器,通过软件数字分析,对景区范围内森林与庙宇防火、危险山体地质灾害、游客流量进行实时监控。分析系统能够实时分析各类数

据在不同时间点的变化，网络监控能够及时反馈微博、网络等社交媒体就管理方面存在的问题的反映，促进冲突的及时解决，从而提高游客满意度。

2. 加强文化遗产保护与修缮工作

文物保护由文保部门负责日常监督管理。文物的维护由使用单位来维护，并制定详细的维修方案。由景区管理部门、文管所、水利工程保护局等专业部门来组成文物管理部门。

都江堰－青城山景区最为突出的成就就是文化遗产的灾后重建修复工作。2008年汶川地震使得景区文化遗产遭受重创，地震致使二王庙、伏龙观古建筑群损毁严重，青城山文化遗产区古建筑群也大面积受损。景区对受损遗产进行了科学重建，强化都江堰市的历史文化元素，清除过去遗存的种种问题，进一步提升历史文化遗产保护状态。都江堰市将历史文化名城保护规划纳入《都江堰市灾后重建总体规划（2008—2020年）》，其中包含了都江堰－青城山世界自然文化遗产的保护，强调涉及文化遗产地的恢复和文物古迹修复之事项，必须奉行"原真性"、"整体性""可读性"三原则。都江堰－青城山景区管理局全面主持了青城山遗产区灾后恢复重建事项，在文物维修中坚持"修旧如旧""不改变文物原状"与"最小干预"的原则下，尽力做到"四保存"：原建筑形制、原建筑材料、原工艺技术、原建筑结构保存不变。

充足的资金保障，日渐深入人心的文化保护理念，强力的技术支持，严格的审批保障程序保证了都江堰－青城山文化遗产修复工程得以顺利进行。从文化遗产获得的保护效果看，灾后重建的主色调仍然体现为维护文化遗产的既有面貌。无论是景观、建筑群落还是历史脉络、文化生态，改动不多，即使有所改动也都控制在一个较低的水平。所谓改动也主要是以遗产地宫观建筑的局部调整和剔除周边环境中的异质因素和不和谐因素，整体上提升文化遗产的保护状态。此外，都江堰市在灾后重建过程中，强调梳理文化遗产地的周边环境，提出文物古迹与历史环境予以一体化保护的理念，也是值得推广的。

3. 从业人员管理规范化，服务标准规范化

严格执行导游年审制度；对景区讲解员，每年一审，审查合格的才发资格证，并健全讲解员的惩罚制度。对景区服务水平进行统一规定：编制了一些推荐性的标准，对住宿单位的硬件软件方面都提出了很多规范性的建议，以标准化来促进旅游服务水平的提升。

(二)都江堰-青城山旅游发展的挑战

1. 人才管理的挑战

一方面是景区仍需大量引进人才。景区现有工作人员867人，但整体文化水平不高，有待提升。景区最缺的是旅游管理、软件、营销方面的人才。此外，外语尤其是小语种，如韩语、日语等语种人才缺乏。另一方面，针对都江堰-青城山景区管委会工作人员的调查问卷结果显示，工作人员对自己的工作和景区的成功有很强的认同感，93.5%的管理者认为应该引进更多的专业人才。但是，12.7%的答卷者表示对薪酬水平不满意，20.5%的答卷者认为自己的收入和付出的努力没有挂钩。因此，如何留住现有人员及引进高水平的管理人才仍然是个需要解决的难题。

2. 旅游管理的挑战

①旅游资源展示、解说。通过游览，游客对都江堰的历史（李冰治水）与青城山的道教文化有了进一步的了解，但有不少游客认为，当地对文化的深度挖掘得不够，并对风俗习惯的讲解不够到位；导览信息不够丰富，指示牌指示不清，给游客的游览增加了困难，耽误了时间。游客认为，应进一步加大文化挖掘的深度，加强导览信息服务。

②景区消费水平与服务。从调查问卷及现场访谈来看，大部分游客认为景区的票价还是较为合理、物有所值的，但部分游客认为景区内交通较贵且物价较高；部分服务人员态度较差给游客留下了当地人过于商业化的不良印象。

③景区多头管理问题。景区的管理部门有都江堰-青城山景区管理局、世界遗产管委会办公室、文物局等，各个部门之间存在交叉管理与权属问题，管理效率有待进一步提升。

④旅游资源的开发和建设。都江堰-青城山地区历史悠久、文化内涵深厚，尤其是都江堰水利文化以及青城山的道教文化等影响十分广泛。目前都江堰-青城山的旅游仍以观光为主，游客对文化的感受、体验还不深刻，如何通过具体的项目来充分展示当地的文化，仍然是旅游开发中的一个挑战。

⑤旅游总体规划的实施。旅游规划的实施受到领导换届等政治周期的影响，不同的领导班子对于旅游的规划也有所不同，旅游发展规划实施的连贯性、完整性受到挑战。

3. 旅游发展与社区的关系

旅游增加了居民收入，促进了当地经济发展，但都江堰-青城山的不同社区之间存在差异。

都江堰地区的居民认为，旅游发展带动了当地的经济发展，提高了他们的收入，在旺季时感到更幸福，但与此同时也不可避免地使物价上涨。

青城山下社区的居民抱怨赚不到游客的钱。由于有直通青城山的公路，从成都来的游客可直接到达青城山观光游览，不经过此片居民区，并且一天之内便回到成都。因此，这片社区无法发展旅游业相关的餐饮业与住宿业。青城山后山餐饮、住宿设施丰富，居民多为餐馆、农家乐从业者，旺季收入颇多，淡季竞争较大，希望政府能加大力度支持农家乐。

大部分居民认为，发展旅游促使当地卫生环境变得更好，灾后重建工作较好；发展旅游业促使当地的历史文化得到进一步的宣扬。但是，当地的古朴的民风一定程度上也受到了商业化的影响。

（三）都江堰-青城山发展经验对善行旅游项目的启示

1. 朴素的道家思想——万物和谐共生

青城山是道教文化的发源地之一。道家提倡自然无为，提倡与自然和谐相处，这与善行旅游"引导和协调各级政府部门、当地社区和整个公民社会，通过保护、利用和享受我们的自然和文化遗产，从而为所有人带来可持续的、长久的利益"的愿景不谋而合。将这种朴素的道家哲学借鉴到旅游业中，对于规范游客行为，提升游客自身素质，促进旅游业与环境、社会的共同发展，助力旅游业与农业等其他产业的和谐共生有着重要的意义。

2. 维护遗产的完整性与原真性，给游客以真实的文化体验

在日常监督管理和灾后重建过程中，景区始终坚持"最小干预""修旧如旧"与"不改变文物原状"的原则，尽力做到保存原建筑形制、原建筑材料、原工艺技术及原建筑结构，给游客以真实的文化体验，这对于善行旅游"保持资源的长期完整和真实性"是一个有益的借鉴。

第四节 泰山调研结果分析

调研团队于 2012 年 11 月 12 日至 2012 年 11 月 17 日对泰山的遗产旅游状况进行了调研及访谈,共发放游客问卷 150 份,收回有效问卷 139 份;发放从业者问卷 100 份,收回有效问卷 90 份;发放遗产地居民问卷 150 份,收回有效问卷 142 份。问卷部分评估了泰山遗产保护及旅游发展现状、旅游影响以及利益相关群体的满意度,并对未来善行旅游的各项指标进行了测量;访谈部分则主要是对泰山旅游发展的经验作了总结。

一、问卷调研结果分析

(一) 遗产保护现状分析

问卷设计了"风景优美""历史文化保存状况"与"风俗习惯保存状况"三个变量,来测量游客、居民和从业者等不同利益相关群体对泰山遗产保护现状的认知。

表 4-13 不同利益相关者对泰山遗产保护现状的评估结果

	游客	居民	从业者
风景优美	4.3511	4.8169	4.9222
历史文化保存很好	4.1985	4.8239	4.7667
风俗习惯保存很好	3.9084	4.7394	4.5667

由表 4-13 可知,居民和从业者对泰山遗产保护的认可程度比较高,平均分均超过 4 分;游客的各项评分均略低于居民和从业者,但依然属于"较好"范围。

(二) 旅游发展现状分析

问卷通过旅游项目、导览信息、线路规划等 14 个指标,对泰山旅游发展的现状进行评估。将游客、居民和旅游业从业者三类人群的指标评分进行对比发现,游客对各项的评分显著低于居民和从业者。结合遗产保护现状的评分结果,可以得出游客对于泰山的旅游发展状况并不十分满意的结论。游客感知和居民、从业者之间的感知差距有待研究。

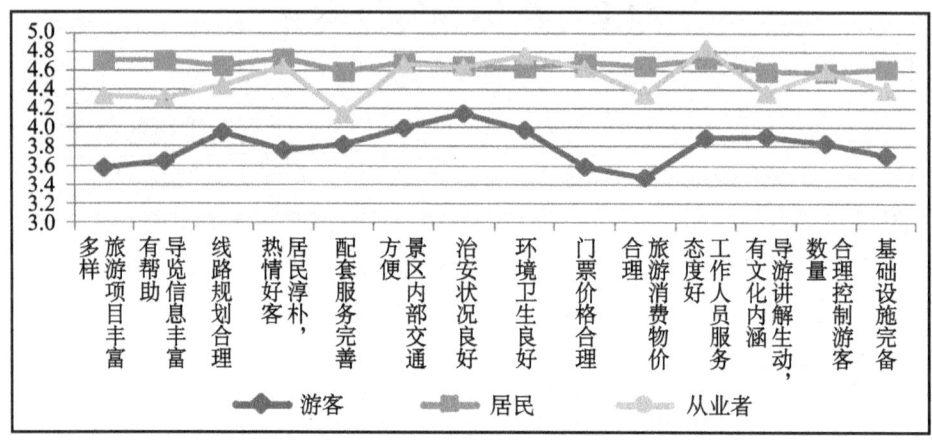

图 4-20　不同利益相关者对泰山旅游发展现状的认知

(三)泰山旅游影响分析

问卷通过 7 个正面影响指标与 6 个负面影响指标来评估旅游发展对泰山产生的影响。由图 4-21 可以看出,旅游发展为泰山带来的正面影响受到了广泛肯定,其中最受认可的指标是促进当地经济发展;而最大的负面影响是使当地文化与传统风俗改变及当地居民贫富差距变大等。但总体来说,正面影

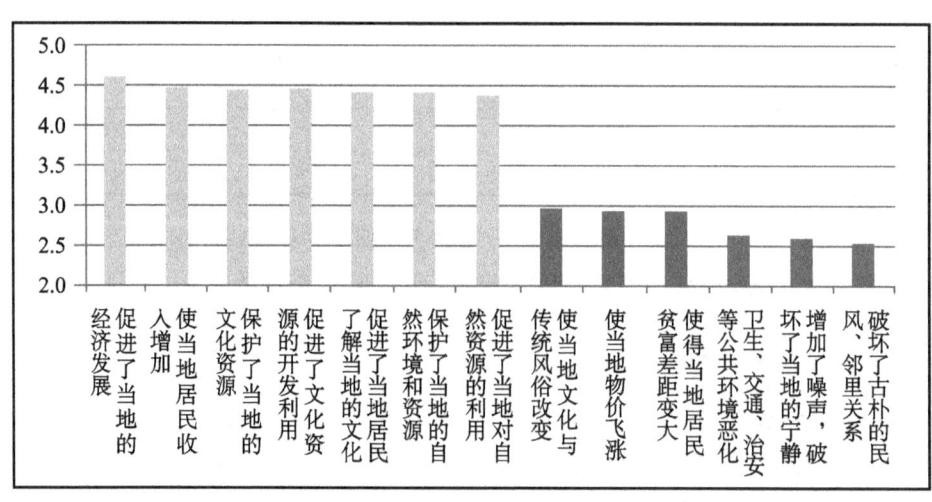

图 4-21　泰山旅游影响分析

响远大于负面影响。

（四）泰山游客满意度分析

1. 游客各项满意度描述性分析

总体来说，游客对泰山的满意度较高，尤其是对旅游资源最为满意，并认为能够了解知识、使人产生强烈的归属感，而对旅游项目和旅游从业人员的评价相对较低。

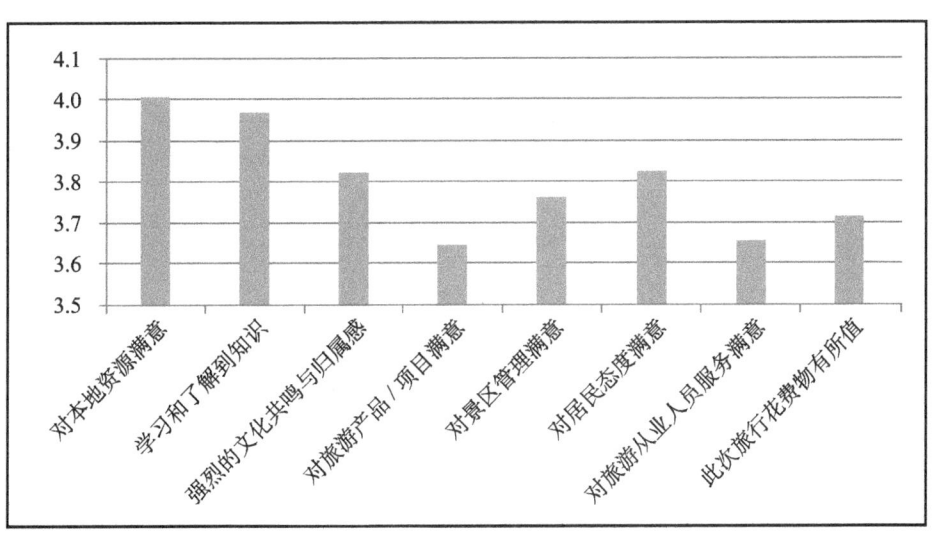

图 4-22　游客对泰山旅游满意度评估

2. 游客未来的参与程度评估

游客未来的参与程度主要包括游客的重游与推荐。如表 4-14 所示，可以发现重游和推荐率都比较高：赞同重游的旅游者占 70.6%，愿意推荐的旅游者占 77.8%，说明旅游者对于泰山总体还是满意的。

表 4-14　泰山游客未来参与程度评估

是否会重游	频　率	百分比	是否会推荐	频　率	百分比
不赞同	6	4.8	不赞同	4	3.2
比较不赞同	7	6.3	比较不赞同	5	4.0
中　立	23	18.3	中　立	19	15.1
比较赞同	40	31.7	比较赞同	38	31.2

续表

是否会重游	频率	百分比	是否会推荐	频率	百分比
赞　同	49	38.9	赞　同	60	47.6
合　计	126	100.0	合　计	95	100.0

（五）泰山居民满意度分析

由图 4-23 可知，居民对当地旅游的情况较为满意，对于旅游发展是当地的希望的提法十分认同，但更多的是希望吸引更多游客及更深入地参与到旅游经营活动当中去。

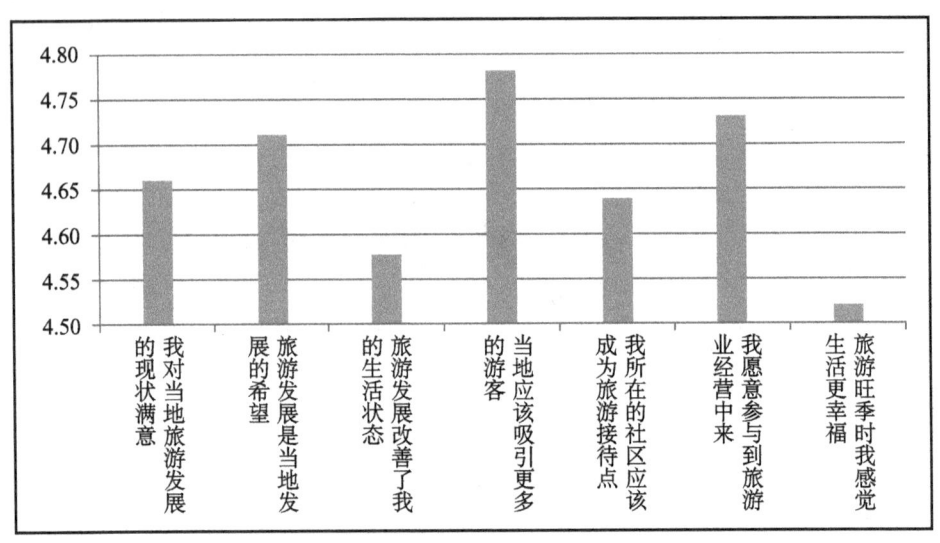

图 4-23　当地居民对泰山旅游满意度评估

（六）泰山旅游从业者满意度分析

问卷用 16 个指标测量旅游从业者的满意度，分为三个方面：对景区管理的满意度、对景区管理的期望和自身发展的满意度。由图 4-24 及图 4-25 可以看出，从业者对于景区的管理成效是持积极肯定态度的，得分都高于 4 分；而在对景区管理的期望方面，则更多的是希望提高管理水平和引进专业人才；在自身发展方面，对于薪酬水平及绩效机制的满意度较低，但对工作的认可程度却较高，并愿意从事旅游业相关工作。由此可见，大多数从业者对泰山旅游业发展前景持乐观态度。

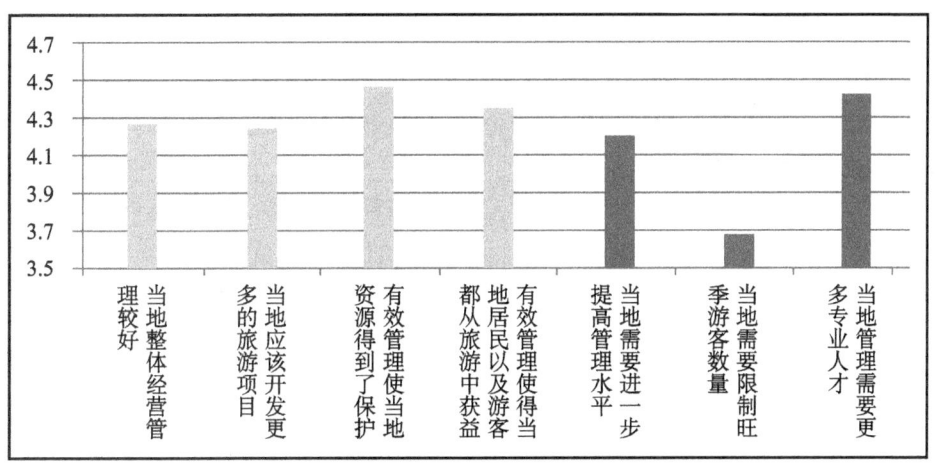

图 4-24　泰山旅游从业者对景区管理的满意度评估

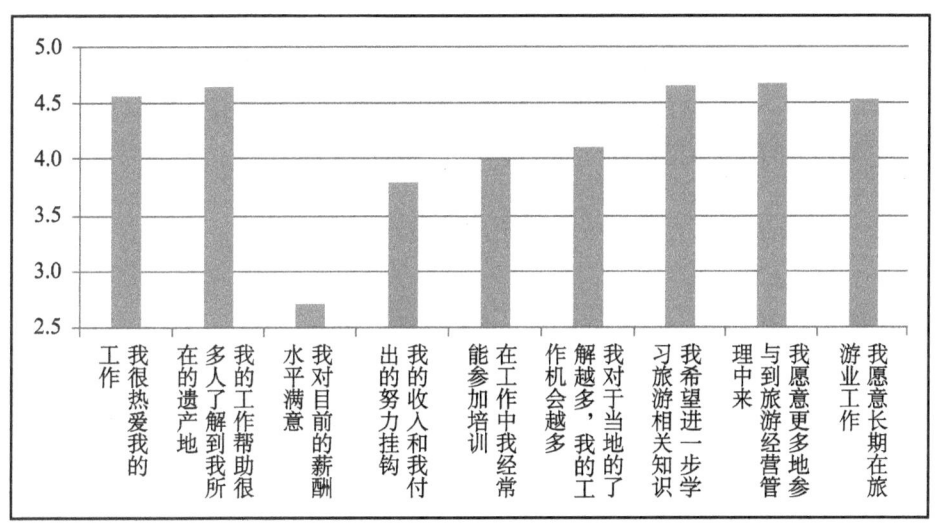

图 4-25　泰山旅游从业者对自身发展的满意度评估

（七）对未来旅游发展期望的评估

问卷使用了 14 个指标去测量游客、居民和从业者对于他们心中未来旅游发展的期望。三组人群并没有显著的差异，游客、居民和从业者都希望未来旅游发展能够保护旅游地的自然资源和环境。具体来看，只是选项上有少许的不同，参见表 4-15。

表 4-15　不同利益相关者对泰山未来旅游发展的期望

	游　客	居　民	从业者
期望值最高的三个指标（由高到低排序）	①保护旅游地的自然资源与环境	①保护旅游地的自然资源与环境	①保护旅游地的自然资源与环境
	②促进旅游地的经济发展	②促进旅游地的经济发展	②促进旅游地的经济发展
	③应该将旅游的收益更多地用于资源保护	③促进当地社区的发展	③应该将旅游的收益更多地用于资源保护

二、泰山旅游发展的经验与挑战

泰山风景区作为自然和文化双遗产地，其旅游资源优质，交通便利，且在游客不断增加和旅游服务业大量进山的背景下，仍能保持良好的自然资源环境和游客秩序。除了有吸引游客的景色，泰山景区运用多种营销手段，举办意义深刻的主题活动和多样的登山活动，同时利用先进的技术为游客提供"智慧泰山"3D 在线游览服务，还利用现代传媒工具如微博，即时与游客进行交流，为不同类型的游客提供个性化服务。

（一）泰山景区在旅游发展方面的经验

1. 管理体制创新

泰山景区具有一套管理体制，拥有管理、服务、执法、经营四大系统。泰山景区具有相应职能部门对应于下属项目进行管理，而非由泰安市直接统一管理。这样的举措使得管理部门采取的行动更加具有针对性，更具有实践意义。

2. 数字景区建设

泰山景区在全国较早地开始了数字化景区的建设。2003 年开始建设森林防火数字摄像机，2005 年设立了景区官方网站。2008 年制定了数字泰山通体规划，按续期分步实施，目前已经完成前中期工作。

目前，信息中心网站在景区管理中发挥着重要作用，如发布游客流量信息预警等，根据客流量的多少控制进山游客，限制售票。客流量过载一直是热门景区在假期时面临的难题。泰山采用先进的监控系统对于人流量进行分析统计，在人流量过大时采取"本区段停止售票"的方式进行控制。而考虑到这样的控制方法并不能完全顾及到游客的游览情绪,泰山主要采取了"停止核心线路,分流游客至次要线路"的方式疏散人流量。这些举措同样也丰富了游客的游览选择,增加了游客平时的游览乐趣。

目前,景区已经配备的数字化信息系统设施包括数字监控摄像机、条形码门票、客流分布统计系统、三维泰山地理信息系统等。针对目前新兴的社交媒体技术,泰山景区还推出了新型的营销方式:开通了泰山官方微博,为游客提供景区的信息及游览提示,由专门团队负责官方微博的维护与更新。2011年开通至今,官方微博已发布2000多条景区信息,拥有粉丝60万人;在官网上增加了直播泰山等,访问量已达到110万人次。

3.保护环境,推广绿色交通

为了保护景区的自然环境,同时便于管理、节约成本、方便游客,泰山景区从2008年开始实施封闭交通,不允许车辆进山,游客进山统一采用景区绿色巴士,这也是景区收入主要来源之一。推行绿色交通难度较大,但泰山景区通过宣传克服了各方阻力,成功实现了绿色通行,这对于景区的保护及发展是一个巨大的突破。

4."行善旅游",彰显景区特色

自2010年起至今,泰山发起了全国最早的"行善旅游"——"日行一善"。"行善旅游"是由工作人员首先发起的。在游客游览过程中向其宣传行善概念,"劝善"即劝导游客行善:每天做一件善事,再扩展为每天做五件善事。泰山的游客中,信众占了很大的比例,"行善旅游"正好迎合了他们的需求,因而取得了很好的反响。这样的"劝善"旅游使得旅游更具有人性化和人文化,与善行旅游所倡导的"实现和谐与综合管理""促进人的自身发展"理念不谋而合。

(二)泰山旅游发展的挑战

1.景区规划开发管理的挑战

(1)景区驴友较多,危险系数较高

很多游客都表示,现在自由行的旅游者越来越多,对于泰山这种探险度较高的山岳旅游目的地来说,保证驴友的安全是个很大的问题。部分驴友无视治安保护条例,私自进山攀爬,甚至引起森林火灾,造成景区管理上的困难;同时,由于不遵守景区管理,驴友失踪遇险的概率远远高于一般游客,营救成本高且浪费社会资源。因此，规范旅游者的游览行为，加强对驴友的监管与教育工作，对于景区来说确实是一个挑战。建议景区将"日行一善"的活动与"善行旅游"的宗旨结合起来，鼓励游客等主要的利益相关者积极参与景区资源的保护、宣传以及监督管理，鼓励他们文明旅游，这不仅是对自然、对社会的"善行"，更是对自身的"善行"。通过教育感化减少景区游客的不文明行为和冒险行为，并取得较好的宣传效应。

（2）旅游区建设美观，但城市整体发展一般

选择乘火车来泰山的游客表示，泰安火车站建设简陋且周边道路状况差，城市面貌较差，给他们的第一印象很不好，而这种消极的印象可能影响对泰山的游览体验。

2. 旅游发展与社区的关系

目前，泰山风景区内的居民基本都已迁出。但是，近年来由于泰山风景区的游客人数不断增加，吸引了很多外来人口来此定居。旅游发展与当地社区的关系主要体现在以下三个方面：

①经济。整体上看，泰山旅游发展增加了居民收入，并使很多居民从事与服务业相关工作。

多数原始居民满足于现状，并表示收入增加，生活改善，且能够享受到相应的福利，但对于旅游收益的分配和利用并不清楚或持漠不关心的态度。

外来居民基本处在泰山风景区服务业的各个链条上，多数人也表示收入增加，生活状态较以前也有改善，但是对于更进一步的福利待遇和利益分配却不清楚。

②生活环境和氛围。整体上看，居民对于当地生活环境的看法各不相同，虽然有消极影响，但居民体会并不是很深。

一部分居民认为，因为过多的游客导致不文明行为的发生，生活环境较以前变差，而且由于大量原有居民的迁出和外来人口的涌入，原有的友好氛围改变，居民与游客和其他居民的交流越来越少。

一部分居民认为，大量的游客确实对他们的生活环境和氛围有一定的影响，但整体情况良好。总的来说，居民对泰山风景区比较满意，对旅游发展所带来的消极影响感受不明显。

③与当地政府的关系。整体上说，居民对政府比较满意，但仍有很多居民诉求需要满足。主要诉求如下：

- 将旅游收益分配给居民的部分透明化；
- 政府强化游客及景区对区域发展的带动作用；
- 希望政府能够帮助解决游客和居民间的矛盾，即居民想要吸引更多游客前来的同时，在游客量大的时候仍有幸福感，并仍能感到生活的方便和舒适。

第五节 杭州西湖调研结果分析

调研团队于2012年11月17日至2012年11月22日对杭州西湖的遗产旅游状况进行了调研及访谈，调查共发放游客问卷150份，收回有效问卷131份；共发放从业者问卷20份，收回有效问卷19份；共发放遗产地居民问卷150份，收回有效问卷120份。问卷部分评估了西湖遗产保护及旅游发展现状、旅游影响以及利益相关群体的满意度，并对未来善行旅游的各项指标进行了测量；访谈部分则主要是对西湖旅游发展的经验作了总结。

一、问卷调研结果分析

（一）遗产保护现状分析

问卷设计了"风景优美""历史文化保存状况"与"风俗习惯保存状况"三个变量，来测量游客、居民和从业者等不同利益相关群体对西湖遗产保护现状的认知。

表4-16 不同利益相关者对西湖遗产保护现状的评估结果

	游客	居民	从业者
风景优美	4.79	4.78	5
历史文化保存很好	4.35	4.06	4.89
风俗习惯保存很好	4.09	3.69	4.21

由表4-16可知，游客、居民和从业者对"风景优美""历史文化保存状况"的认可程度比较高，平均分均超过4分；对"风俗习惯保存状况"的评分略低。

（二）旅游发展现状分析

问卷通过旅游项目、导览信息、线路规划等14个指标，对西湖旅游发展的现状进行评估。将游客、居民和旅游业从业者三类人群的指标评分进行对比发现，三者对各项指标的评分差异较大。具体来说，从业者对各项的评分都相对较高，接近满分；而居民对各项的评分都较低；旅游者的评分介于二者之间（图4-26）。

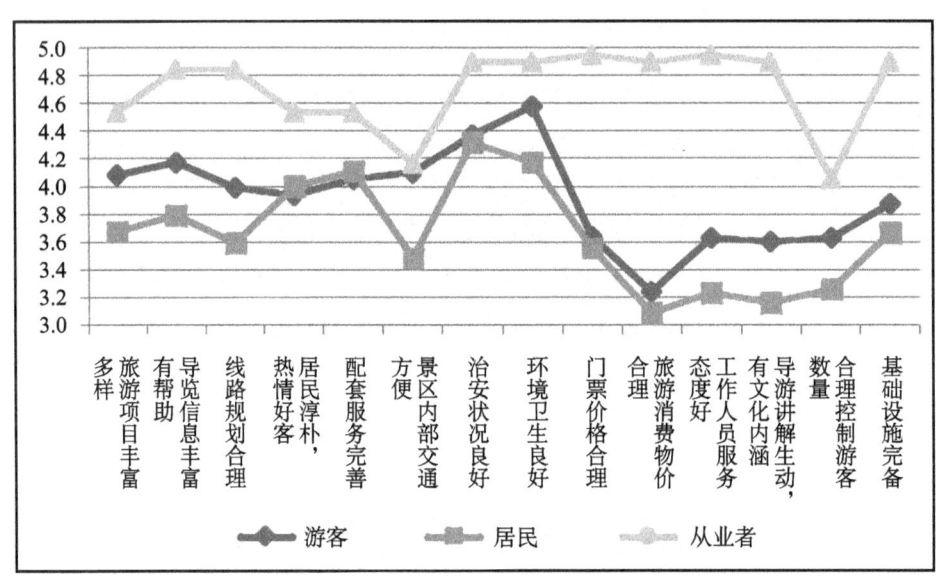

图4-26　不同利益相关者对西湖旅游发展现状的认知

（三）西湖旅游影响分析

问卷通过7个正面影响指标与6个负面影响指标，来评估旅游发展对西湖产生的影响。由图4-27可以看出，旅游发展为西湖带来的正面影响受到广泛肯定，其中最受认可的指标是促进当地经济发展及对文化、自然资源的开发利用；而最大的负面影响是使当地物价上升。但总体来说，正面影响大于负面影响。

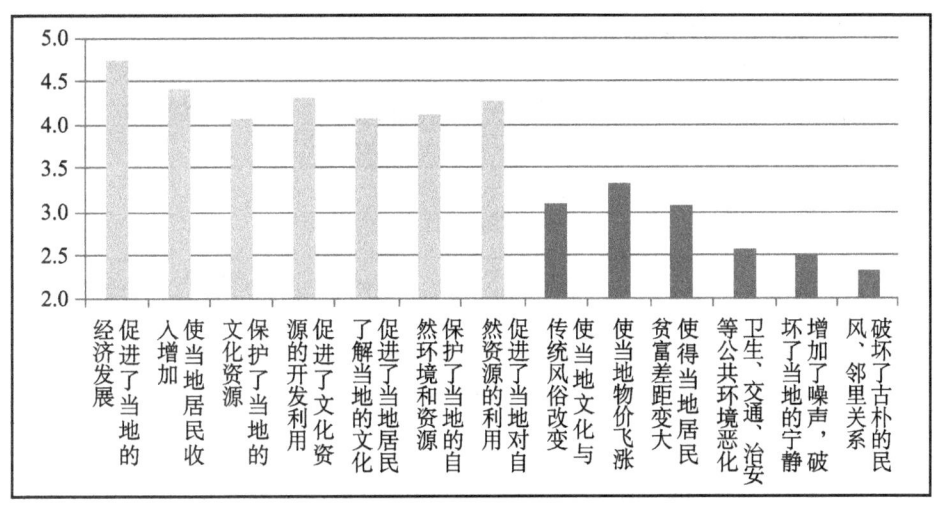

图 4-27 西湖旅游影响分析

(四) 西湖游客满意度分析

1. 游客各项满意度描述性分析

总体来说,游客对西湖旅游的满意度较高,尤其是对旅游资源最为满意;对旅游从业人员的服务评价略低,这也部分解释了旅游发展现状部分从业者和游客评分间的巨大差异。

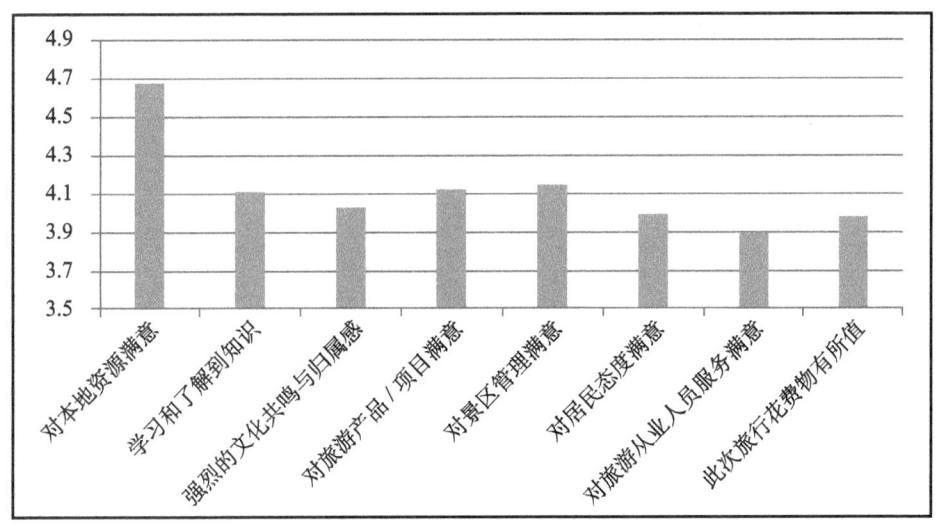

图 4-28 游客对西湖旅游满意度评估

2. 游客未来的参与程度评估

游客未来的参与程度主要包括游客的重游与推荐。由表 4-17 可知，与其他几个遗产景区相比，游客的满意度并不是特别高，但重游和推荐率都比较高；赞同重游的旅游者占 83.2%，愿意推荐的旅游者占 90.8%。

表 4-17　西湖游客未来参与程度评估

是否会重游	频率	百分比	是否会推荐	频率	百分比
不赞同	0	0	不赞同	0	0
比较不赞同	11	8.4	比较不赞同	0	0
中 立	11	8.4	中 立	12	9.2
比较赞同	32	24.4	比较赞同	40	30.5
赞 同	77	58.8	赞 同	79	60.3
合 计	131	100.0	合 计	131	100.0

（五）西湖居民满意度分析

由图 4-29 可知，居民对当地旅游的情况较为满意，对于旅游发展是当地的希望的提法比较认同，但更多的是希望吸引更多游客及更深入地参与到旅游经营活动当中。

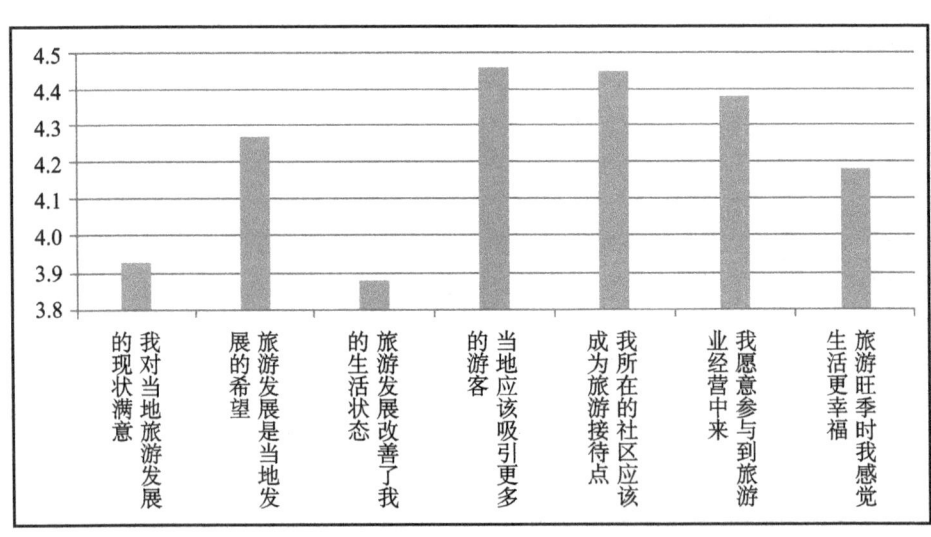

图 4-29　当地居民对西湖旅游满意度评估

(六) 西湖旅游从业者满意度分析

问卷用 16 个指标测量旅游从业者的满意度，分为三个方面：对景区管理的满意度、对景区管理的期望和自身发展的满意度。由图 4-30 及图 4-31 可以看出，从业者对于景区的管理成效是持积极肯定态度的，但并不认为需要继续开发更多的旅游项目；在对景区管理的期望方面，更多的是希望引进专业人才和限制旺季游客数量；在自身发展方面，对于薪酬水平及绩效机制的

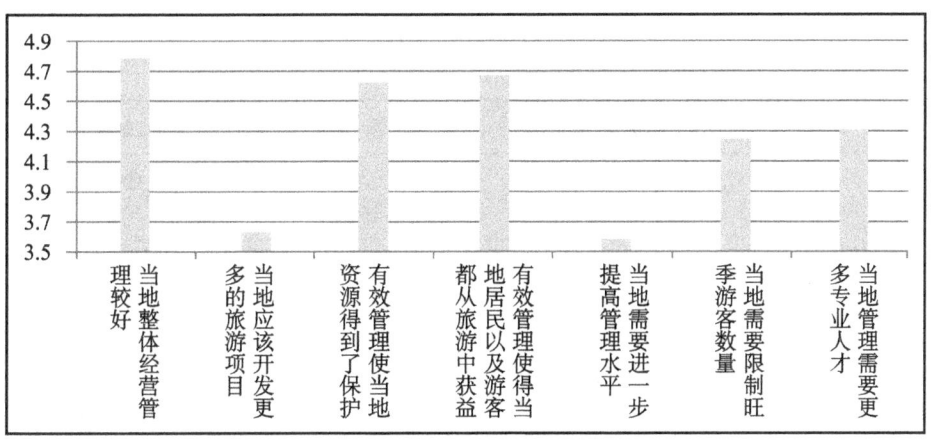

图 4-30　西湖旅游从业者对景区管理的满意度评估

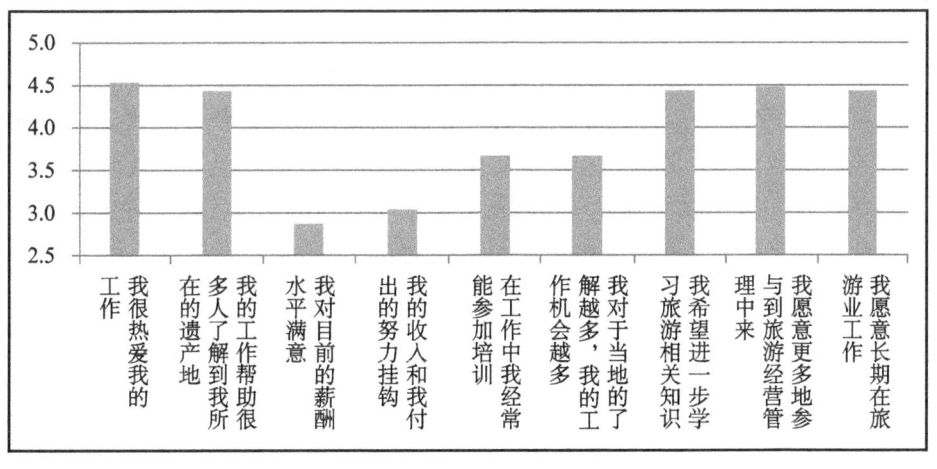

图 4-31　西湖旅游从业者对自身发展的满意度评估

满意度较低，但对工作的认可程度却较高，并愿意从事旅游业相关工作。由此可见，大多数从业者对西湖旅游业发展前景持乐观态度。

（七）对未来旅游发展期望的评估

问卷使用了 14 个指标测量游客、居民和从业者对于他们心中未来旅游发展的期望。三组人群并没有显著的差异，游客、居民和从业者都希望未来旅游发展能够保护旅游地的自然资源和环境。具体来看，只是选项上有少许的不同，参见表 4-18。

表 4-18 不同利益相关者对西湖未来旅游发展的期望

	游客	居民	从业者
期望值最高的三个指标（由高到低排序）	①保护旅游地的自然资源与环境	①保护旅游地的自然资源与环境	①旅游从业人员友好、诚实
	②旅游地治安与卫生条件好，让游客感到安全	②当地居民友好，热情淳朴	②应该将旅游的收益更多地用于资源保护
	③保护旅游地的文化与传统	③保护旅游地的文化与传统	③游客爱护环境，尊重地方居民

二、杭州西湖旅游发展的经验与挑战

（一）杭州西湖旅游发展的经验

西湖风景区以其优美的自然风光和深厚的人文底蕴吸引了大批国内外游客。自 2002 年开始实行的免票政策，更是带动了景区的快速发展。总体而言，景区资源优质，开发过程中尽量保持了完整的自然风貌，还加入了游船、帆船等项目，提供租借自行车和游览电瓶车作为内部交通支持，并尝试加入智慧化元素及利用信息技术手段辅助导览旅游，周边配套设施较完善。同时，在遗产开发过程中，政府鼓励各利益相关者充分意识到保护遗产地独特价值的重要性。这些都体现了"善行旅游"中"和谐与综合管理""持久与弹性"的原则。具体来说，西湖景区旅游发展的经验主要如下：

（1）社区与居民通过街道办进行沟通，项目调整时会进行公示，社区居民和杭州市民均可参与；管委会通过官网和微博对外进行宣传。

（2）游客投诉处理：12345电话投诉分类，转到旅委等相关负责部门。

（3）景区管理过程中工作人员培训、提升：讲解员水平优于全国平均水平，连续五年举办讲解员大赛，专家评星级作为收入依据，并定期进行业务知识、文化水平与仪态等培训。

（4）率先实行免费门票管理模式。

（5）杭州西湖风景名胜区管委会与杭州市园林文化局实行"一套班子、两块牌子"的管理体制，避免了管理上出现政出多门、体制不清的问题。

（6）在善行旅游概念的推广方面：从大学生中选拔了西湖文化特使，把善行西湖作为2013年系列活动的主题，在西湖文化景观遗产地策划了一系列主题活动，对广大市民及游客进行系统和深入的遗产保护教育，规范其在世界遗产地生活、学习、旅游等方面的行为。

（二）杭州西湖旅游发展的挑战

杭州西湖旅游在发展中也遇到一系列挑战，主要如下：

1. 人才管理的挑战

针对杭州西湖景区管委会工作人员的调查问卷结果显示，工作人员对自己的工作和景区的成功有很强的认同感。100%的答卷者认为当地整体经营管理较好，89%的答卷者表示热爱自己的工作。但是，58%的答卷者表示对薪酬水平不满意，53%的答卷者认为自己的收入和付出的努力没有挂钩。以上这种状况对于景区留住人才和引进人才带来了一定的挑战。

2. 旅游管理的挑战

西湖成为世界遗产之后，不收门票使得旅游人数大幅增多，工作量增大，投入很大，景区加大了保护力度和综合管理力度，管理费用较高。

（三）西湖发展经验对善行旅游项目的启示

1. 免票模式，还湖于民——保护与开发的和谐统一

作为中国第一家也是迄今为止唯一一家不收门票的AAAAA级景区，西湖景区实施免票已经10多年了。实施免票兼顾了景区的经济利益和社会利益：西湖及周边地区的资源都是宝贵的公共资源，西湖景区对周边100多个景点实施免票，恢复1800余处自然景观，有助于当地居民及游客提升休闲体验品质，同时政府通过转让西湖景区及周边商业网点的经营权，以转让的租

金收入和日常税收来负担风景园林的维护成本和建设费用，经济利益不降反升。免票模式带动了景区整个旅游产业链的发展。

2."善行西湖"，促进居民、游客自我提升

景区策划了"西湖文化特使计划"，广泛传播西湖文化，并把"善行西湖"作为2013年系列活动的主题，通过一系列的活动促进居民、游客自我素质的提升。

第五章 中国世界遗产地善行旅游调研结果分析综述

本章首先对我国遗产地的旅游总体发展现状进行分析，包括遗产地旅游发展的总体状况、地区间差异、旅游影响、旅游满意度及对善行旅游的期望；然后系统总结各遗产地在长期发展过程中积累的资源保护、内部运营管理、社区以及居民管理经验，并梳理其在上述方面面临的一些挑战，从而为善行旅游的实践与推广提供借鉴。

第一节 遗产旅游地旅游发展现状

一、遗产地旅游发展的总体状况

根据各遗产地的问卷统计分析结果，遗产地旅游发展的 17 项指标，有 15 项在 4 分以上，即较好的状态，17 项指标均分达到 4.19。这表明遗产地旅游发展的总体现状比较好，但是不可避免地也存在一定的问题。具体主要呈现以下特点：

（1）自然与文化资源保护较好。总体来看，风景优美、环境卫生与历史文化分值比较高；相对来说，地方的风俗习惯保存不如历史文化。

（2）旅游开发基本能够满足旅游需求。景区治安、居民态度、导游信息以及配套基本完善。

（3）旅游开发中比较不能让人满意的方面主要集中在导游讲解、旅游项目、游客数量和门票几项。

（4）现状中分值最低的两项是景区所在地区的基础设施与消费物价。

从调查统计的结果来看，不同的遗产地地区之间满意度差异比较大。

通过统计分析，只有"导览信息丰富有帮助"一项在各地的差异不大，其他 16 项指标都存在显著的差异。差异比较大的项主要在于旅游服务的管理上，其中包括服务人员态度、物价以及游客数量、导游讲解等方面。其余各项的差异，以及各项指标的极大值和极小值如表 5-1 所示。

表 5-1　遗产地旅游发展现状差异调查统计

项　目	极大值	遗产地	极小值	遗产地	极差	差异显著性
工作人员服务态度好	4.45	泰山	3.54	西湖	0.91	0.000
旅游消费物价合理	4.15	泰山	3.29	西湖	0.86	0.000
景区所在地区基础设施完备，教育、医疗水平较好	4.24	泰山	3.4	九寨沟	0.84	0.000
合理控制游客数量	4.31	泰山	3.5	西湖	0.81	0.000
导游讲解生动，有文化内涵	4.28	泰山	3.5	西湖	0.78	0.000
景区内部交通方便	4.53	九寨沟	3.83	西湖	0.7	0.009
风景优美	4.92	九寨沟	4.34	平遥	0.58	0.000
门票价格合理	4.28	泰山	3.7	西湖	0.58	0.000
环境卫生好	4.67	平遥	4.17	平遥	0.5	0.000
规划合理，线路设计不重复	4.36	九寨沟	3.87	西湖	0.49	0.000
风俗习惯和文化特色保存很好	4.4	泰山	3.92	西湖	0.48	0.000
居民热情好客，民风淳朴	4.37	都江堰-青城山	4.01	西湖	0.36	0.000
历史文化保存很好	4.58	泰山	4.23	九寨沟	0.35	0.000
治安好	4.52	九寨沟	4.21	平遥	0.31	0.000
餐饮、住宿、购物、休闲配套业发达，服务完善	4.2	泰山	3.91	九寨沟	0.29	0.011
旅游项目丰富多样	4.2	泰山	3.93	西湖	0.27	0.001
导览信息丰富，有帮助	4.26	九寨沟	4.05	西湖	0.21	0.111
总体平均	4.35	泰山	3.94	西湖	0.41	

此外，不同人群对于现状的评价差异较大：从调研的结果来看，旅游者、当地居民以及从业者对于遗产地旅游发展现状的差异比较大。旅游者对 17 项指标的评价分值都低于居民和从业者，而从业者对各项指标的评价分值最高。其中，最大的差异表现在门票价格、服务态度、物价以及居民的态度上。

表 5-2 遗产地旅游发展现状统计指标的人群差异

项　目	旅游者	居民	从业者	极差	差异显著性
风景优美	4.57	4.68	4.76	0.19	0.000
历史文化保存很好	4.31	4.46	4.56	0.25	0.000
风俗习惯和文化特色保存很好	4.08	4.26	4.43	0.35	0.000
旅游项目丰富多样	3.85	4.1	4.29	0.44	0.000
导览信息丰富，有帮助	4.03	4.18	4.4	0.37	0.115
规划合理，线路设计不重复	4.08	4.11	4.43	0.35	0.000
居民热情好客，民风淳朴	3.99	4.42	4.46	0.47	0.000
餐饮、住宿、购物、休闲配套业发达，服务完善	3.89	4.24	4.25	0.36	0.000
景区内部交通方便	4.18	4.22	4.37	0.19	0.009
治安好	4.36	4.43	4.46	0.1	0.000
环境卫生好	4.37	4.42	4.6	0.23	0.000
门票价格合理	3.63	4.19	4.55	0.92	0.000
旅游消费物价合理	3.48	3.97	4.36	0.88	0.000
工作人员服务态度好	4	4.15	4.69	0.69	0.000
导游讲解生动，有文化内涵	3.94	4.02	4.31	0.37	0.000
合理控制游客数量	3.91	4.02	4.27	0.36	0.000
景区所在地区基础设施完备，教育、医疗水平较好	3.78	3.96	4.07	0.29	0.000
样本量	627	597	337		
平均	4.03	4.23	4.43		

二、遗产地旅游影响

（一）正面影响大于负面影响

从整体看来，测量遗产地旅游影响的 13 个指标中，7 项为正面影响指标，6 项为负面影响指标。在各个遗产地以及不同人群的综合分析中，正面影响指标的认可度比较高，都大于 4；而 6 项负面影响的感知度都低于 4，可以认为，总体而言，遗产地旅游发展的正面影响是大于负面影响的。

遗产地发展旅游最大的正面影响是促进了当地的经济发展、使得居民的收入增加,其次是文化资源的开发与利用;而对自然资源的保护和利用,认可度相对最低。最大的负面影响是物价飞涨、风俗的消失以及贫富差距问题;而遗产地的邻里关系、公共环境以及宁静受到的影响较小。具体的统计分析结果见表5-3。

表5-3 遗产地旅游发展影响调查统计

项 目	均值	九寨沟	平遥	泰山	都江堰-青城山	西湖
促进了当地的经济发展	4.57	4.66	4.53	4.61	4.5	4.6
使当地居民收入增加	4.40	4.53	4.39	4.47	4.32	4.36
保护了当地的文化资源	4.34	4.19	4.41	4.45	4.36	4.22
促进了文化资源的开发利用	4.34	4.24	4.4	4.46	4.39	4.12
促进了当地居民了解当地的文化,知识水平提高和思想观念进步	4.33	4.41	4.35	4.41	4.3	4.17
保护了当地的自然环境和资源	4.33	4.39	4.24	4.42	4.38	4.21
促进了当地对自然资源的利用	4.23	4.46	4.23	4.37	4.32	3.75
使当地物价飞涨	3.31	3.86	3.66	2.93	3.22	3.05
使当地文化与传统风俗改变并逐渐消失	3.22	3.56	3.54	2.98	2.97	3.15
使得当地居民贫富差距变大	3.21	3.53	3.57	2.94	3.08	3.03
破坏了古朴的民风、邻里关系	2.75	2.68	2.86	2.54	2.34	3.47
卫生、交通、治安等公共环境恶化	2.68	2.6	3.11	2.65	2.39	2.58
增加了噪声,破坏了当地的宁静	2.66	2.88	3.09	2.6	2.49	2.24
样本量		226	352	363	350	270

(二)各遗产地旅游影响差异较大

不同的遗产地之间因为旅游开发的形式、阶段的不同,旅游开发的影响也有很大的不同。从统计指标来看,13项指标的地区差异性都达到了显著。比较大的差异主要集中在负面影响上。一些遗产地的负面影响相对较大,从而形成了显著的差异;而正面的影响,特别是经济发展和收入增加,在各遗产地之间并没有特别明显的差异。总体而言,旅游的正面影响是相对一致的,而负面影响则因为地区差异有所不同。

表 5-4 遗产地旅游发展影响指标的地区间差异

	项目	极大值	遗产地	极小值	遗产地	极差	差异显著性
正面影响	促进了当地对自然资源的利用	4.46	九寨沟	3.75	西湖	0.71	0.000
	促进了文化资源的开发利用	4.46	泰山	4.12	西湖	0.34	0.000
	保护了当地的文化资源	4.45	泰山	4.19	九寨沟	0.26	0.001
	促进了当地居民了解当地的文化，知识水平提高和思想观念进步	4.41	泰山	4.17	西湖	0.24	0.002
	使当地居民收入增加	4.53	九寨沟	4.32	都江堰-青城山	0.21	0.028
	保护了当地的自然环境和资源	4.42	泰山	4.21	西湖	0.21	0.006
	促进了当地的经济发展	4.66	九寨沟	4.5	都江堰-青城山	0.16	0.046
负面影响	增加了噪声，破坏了当地的宁静	3.47	西湖	2.34	都江堰-青城山	1.13	0.000
	使当地文化与传统风俗改变并逐渐消失	3.86	九寨沟	2.93	泰山	0.93	0.000
	卫生、交通、治安等公共环境恶化	3.09	平遥	2.24	西湖	0.85	0.000
	破坏了古朴的民风、邻里关系	3.11	平遥	2.39	都江堰-青城山	0.72	0.000
	使得当地居民贫富差距变大	3.57	平遥	2.94	泰山	0.63	0.000
	使当地物价飞涨	3.56	九寨沟	2.97	都江堰-青城山	0.59	0.000

（三）旅游者更多感受到负面影响，从业者更关注正面影响

调查结果显示，旅游的正面影响被不同的利益群体所一致认可。7项指标中6项指标都认可度比较高，而且差异很小，只有对自然资源的利用一项，从业者认为已经比较充分，而旅游者认为利用仍有不足。

对于旅游的负面影响，不同人群差异较大。旅游者认为旅游对旅游地带来了一定的负面影响，而从业者认为这些负面影响非常小；居民在6项负面影响的感知指标中，认可度都位于这两者之间。

表 5-5 遗产地旅游发展影响统计指标的人群差异

项目	旅游者	居民	从业者	极差	差异显著性
促进了当地的经济发展	4.56	4.6	4.55	0.05	0.626

续表

项　目	旅游者	居民	从业者	极差	差异显著性
使当地居民收入增加	4.47	4.36	4.37	0.11	0.060
保护了当地的文化资源	4.33	4.34	4.38	0.05	0.739
促进了文化资源的开发利用	4.32	4.33	4.4	0.08	0.319
促进了当地居民了解当地的文化，知识水平提高和思想观念进步	4.32	4.32	4.36	0.04	0.718
保护了当地的自然环境和资源	4.29	4.34	4.38	0.09	0.375
促进了当地对自然资源的利用	4.12	4.26	4.39	0.27	0.000
使当地文化与传统风俗改变并逐渐消失	3.57	3.04	2.87	0.7	0.000
使当地物价飞涨	3.55	3.27	2.96	0.59	0.000
使得当地居民贫富差距变大	3.36	3.29	2.81	0.55	0.000
卫生、交通、治安等公共环境恶化	3.04	2.6	2.14	0.9	0.000
增加了噪声，破坏了当地的宁静	3	2.55	2.24	0.76	0.000
破坏了古朴的民风、邻里关系	3.37	2.47	2.08	1.29	0.000
样本量	627	597	337		

三、遗产地旅游的满意度

（一）游客满意度

游客明确表示愿意推荐与重游。因此，总体来说，遗产地旅游的满意度是比较高的。

（1）比较满意的项目是遗产地的资源以及了解到知识，但是并没有产生强烈的文化共鸣。目前，遗产地旅游文化开发的深度仍然不够。

（2）不太满意的方面主要是服务人员的服务、旅游项目和产品以及花费。总的来说，旅游开发和服务还需要进一步完善。

（3）不同旅游地的满意度差异较大。特别是在资源差异、景区管理、从业人员服务等方面。

（4）统计分析表明，游客的满意度与重游率和游客对于现状的评价显著正相关，与旅游地的正面影响正相关，然而与旅游地的负面影响无关。

表 5-6　遗产地旅游者满意度的地区差异

项目	均值	九寨沟	平遥	泰山	都江堰-青城山	西湖	极大值	极小值	极差
对本地的资源很满意	4.33	4.42	4.37	4.01	4.21	4.68	4.68	4.01	0.67
您愿意向亲朋好友推荐此地	4.29	4.48	4.32	4	4.18	4.51	4.51	4	0.51
学习和了解到很好的知识	4.16	4.19	4.45	3.97	4.06	4.11	4.45	3.97	0.48
对景区管理满意	4.08	4.33	4.22	3.76	4.01	4.15	4.33	3.76	0.57
您愿意重游此地	4.01	4.07	4.06	3.82	3.79	4.34	4.34	3.79	0.55
对居民态度满意	3.99	3.91	4.19	3.82	3.98	3.99	4.19	3.82	0.37
产生了强烈的文化共鸣与归属感	3.98	3.78	4.34	3.82	3.86	4.03	4.34	3.78	0.56
对旅游从业人员服务满意	3.94	3.97	4.24	3.66	3.93	3.89	4.24	3.66	0.58
对旅游产品和项目满意	3.89	3.75	4.02	3.65	3.89	4.12	4.12	3.65	0.47
此次旅行的花费物有所值	3.87	3.78	4.04	3.72	3.79	3.98	4.04	3.72	0.32

(二) 居民满意度

居民明确表示遗产地应该吸引更多的游客，并且认为旅游发展是当地的希望，也愿意参与到旅游业中来。因此，可以认为，遗产地居民对于旅游业的发展是比较支持的。居民对于旅游业发展的基本观点总结如下：

(1) 居民对于旅游业发展是充满希望的，并且愿意加入到旅游业中来。

(2) 居民对于旅游业发展的现状是不太满意的，认为旅游业对其目前的生活状态改变不大，也因此影响了其幸福感。

(3) 不太满意的方面主要是服务人员的服务、旅游项目和产品以及花费。总的来说，旅游开发和服务还需要进一步完善。

(4) 不同旅游地的满意度差异较大，主要的差异在于旅游现状的满意程度上；同时可以看出，各地居民参与旅游业的意愿有所不同，如平遥的居民并不太愿意自己所在的社区成为旅游接待点。但同时也可以发现，各地居民在认为旅游是当地发展的希望、应该吸引更多的游客这两点上差异并不大，具体见表 5-7。

(5) 统计分析表明，居民的满意度和其他 5 项测量指标显著相关，与旅游发展的现状以及旅游发展的正面影响都显著相关；在旅游发展的负面影响中，只和物价飞涨、贫富差距变大以及公共卫生环境恶化相关，其余几项关系不大。

表 5-7　遗产地居民满意度的地区差异

项　目	均值	九寨沟	平遥	泰山	都江堰-青城山	西湖	极大值	极小值	极差
当地应该吸引更多的游客	4.54	4.46	4.39	4.78	4.56	4.46	4.78	4.39	0.39
旅游发展是当地发展的希望	4.50	4.54	4.46	4.71	4.50	4.27	4.71	4.27	0.44
我愿意参与到旅游业经营中来	4.38	4.48	4.18	4.73	4.15	4.38	4.73	4.15	0.58
我所在的社区应该成为旅游接待点	4.31	4.26	3.98	4.64	4.18	4.45	4.64	3.98	0.66
旅游旺季时我感觉生活更幸福	4.24	4.15	4.17	4.52	4.13	4.18	4.52	4.13	0.39
我对当地旅游发展的现状满意	4.18	4.08	4.19	4.66	3.96	3.93	4.66	3.93	0.74

（三）从业者满意度

从调查数据分析，从业者对于在遗产地从事旅游业工作满意度比较高。认可度分值最高的几个指标分别是：我很热爱我的工作，我愿意更多地参与到旅游业经营管理中来，我愿意长期在旅游业工作。总体来说，满意度比较高，具体而言有以下几点发现：

（1）从业者认可管理的重要作用，认为好的管理可以更好地保护资源、使居民和游客受益，同时认为，专业人才有利于遗产地管理。

（2）从业者对于目前的培训体制以及薪酬的满意度比较低。希望未来能够有所改善。

（3）不同旅游地从业者满意度有一定的差异，主要的差异在于培训的机会和薪酬体系设计上，明显可以看出一些遗产地的分值高于平均，具体见表 5-8。

（4）比较值得注意的是，统计分析表明，从业者对于工作的热爱程度和很多满意度指标都相关，然而和薪酬以及是否多劳多得并不相关。可见，从业者对于旅游地的热爱更多源于其他动力，而非经济驱动。

表 5-8 遗产地从业者满意度

项　目	均值	九寨沟	平遥	泰山	都江堰-青城山	西湖	极大值	极小值	极差
我很热爱我的工作	4.54	4.51	4.38	4.57	4.71	4.53	4.71	4.38	0.33
我希望进一步学习旅游相关知识	4.51	4.54	4.28	4.66	4.56	4.42	4.66	4.28	0.38
我愿意更多地参与到旅游业经营管理中来	4.50	4.41	4.26	4.67	4.63	4.47	4.67	4.26	0.41
我愿意长期在旅游业工作	4.47	4.32	4.37	4.53	4.63	4.42	4.63	4.32	0.31
我的工作帮助很多人了解到我所在的遗产地	4.46	4.31	4.16	4.64	4.69	4.42	4.69	4.16	0.53
有效管理使得发展旅游的同时保护了当地的资源	4.40	4.5	3.95	4.47	4.64	4.63	4.64	3.95	0.69
当地整体经营管理较好	4.36	4.46	4.09	4.27	4.51	4.79	4.79	4.09	0.7
有效管理使当地居民以及游客都从旅游中得到收益	4.33	4.41	3.94	4.35	4.56	4.68	4.68	3.94	0.74
当地管理需要更多专业人才	4.30	4.49	4	4.43	4.29	4.32	4.49	4	0.49
当地应该开发更多的旅游项目	4.28	4.46	4.27	4.24	4.32	3.63	4.46	3.63	0.83
当地需要进一步提高管理水平	4.23	4.25	4.12	4.2	4.5	3.58	4.5	3.58	0.92
我对于当地的了解越多,我的工作机会越多	4.02	3.72	3.9	4.11	4.37	3.68	4.37	3.68	0.69
当地需要限制旺季游客数量	3.86	4.41	3.52	3.68	3.82	4.26	4.41	3.52	0.89
在工作中我经常能够参加培训,学到新的知识	3.80	3.62	3.28	4	4.29	3.68	4.29	3.28	1.01
我的收入和我付出的努力挂钩,多劳多得	3.20	2.63	2.15	3.8	4.09	3.05	4.09	2.15	1.94
我对目前的薪酬水平满意	2.91	3.24	2.21	2.72	3.53	2.89	3.53	2.21	1.32

四、未来善行旅游的期望

(一)总体期望概况

如表 5-9 所示,对于未来遗产地善行旅游的期望主要包括以下几个方面:
(1) 期望集中在三个方面:首先是自然资源与环境的保护,其次是文化与传统的保护，再次是经济的发展。

（2）和服务相关的期望：旅游地的社会治安条件、居民与服务人员的诚信要高于旅游活动和解说的重要性。可见，对于未来旅游发展，更紧迫的是基础保障性服务。

（3）期望最低的指标主要集中在旅游对于当地社区以及居民的关注度上。

表 5-9　遗产地善行旅游期望的调查统计

项　目	均值	九寨沟	平遥	泰山	都江堰-青城山	西湖
保护旅游地的自然资源与环境	4.74	4.73	4.65	4.68	4.76	4.93
保护旅游地的文化与传统	4.63	4.57	4.57	4.59	4.66	4.82
促进旅游地的经济发展	4.60	4.61	4.49	4.62	4.68	4.79
旅游地治安与卫生条件好，让游客感到安全	4.64	4.59	4.48	4.55	4.62	4.81
促进当地社区社会发展	4.55	4.54	4.45	4.57	4.65	4.81
当地居民友好、热情淳朴	4.52	4.5	4.57	4.54	4.56	4.8
旅游从业人员友好、诚实	4.60	4.46	4.51	4.55	4.61	4.8
应该将旅游的收益更多地用于资源保护	4.55	4.45	4.41	4.56	4.61	4.79
游客爱护环境，尊重地方居民	4.56	4.43	4.43	4.53	4.65	4.76
旅游开发管理经营有秩序，吃住行游购娱设施方便舒适	4.47	4.5	4.49	4.49	4.53	4.81
向游客充分展示当地的各种资源，帮助游客学习知识	4.56	4.5	4.46	4.53	4.53	4.78
应该将旅游的收益更多地用于当地社区和居民	4.53	4.43	4.47	4.46	4.53	4.77
旅游活动以及体验项目丰富多彩，让游客心情愉悦	4.58	4.52	4.38	4.48	4.53	4.74
游客关心当地社区的发展	4.59	4.37	4.33	4.43	4.5	4.76

（二）各遗产地间地区差异显著

从调查统计的结果来看，对于未来旅游的期望，不同区域的人群认知度有一定的不同。比较明显的差异，特别表现在经济比较发达的地区，如西湖、都江堰-青城山的各项期望值都偏高，如表 5-10 所示。

表 5-10　遗产地善行旅游期望的地区差异

	极大值	遗产地	极小值	遗产地	极差	显著性
保护旅游地的自然资源与环境	4.93	西湖	4.65	平遥	0.28	0.025
促进旅游地的经济发展	4.79	西湖	4.49	平遥	0.3	0.000
促进当地社区社会发展	4.81	西湖	4.45	平遥	0.36	0.001
保护旅游地的文化与传统	4.82	西湖	4.57	平遥	0.25	0.023
旅游开发管理经营有秩序，吃住行游购娱设施方便舒适	4.81	西湖	4.49	平遥	0.32	0.000
旅游活动以及体验项目丰富多彩，让游客心情愉悦	4.74	西湖	4.38	平遥	0.36	0.000
旅游地治安与卫生条件好，让游客感到安全	4.81	西湖	4.48	平遥	0.33	0.012
向游客充分展示当地的各种资源，帮助游客学习知识	4.78	西湖	4.46	平遥	0.32	0.025
游客爱护环境，尊重当地居民	4.76	西湖	4.43	平遥	0.33	0.213
游客关心当地社区的发展	4.76	西湖	4.33	平遥	0.43	0.016
应该将旅游的收益更多地用于资源保护	4.79	西湖	4.41	平遥	0.38	0.652
应该将旅游的收益更多地用于当地社区和居民	4.77	西湖	4.43	平遥	0.34	0.000
旅游从业人员友好、诚实	4.8	西湖	4.46	九寨沟	0.34	0.000
当地居民友好、热情淳朴	4.8	西湖	4.5	九寨沟	0.3	0.000

（三）不同人群对于现状的评价差异较大

从调研的结果来看，旅游者、当地居民以及从业者对于遗产地旅游发展现状的认识差异比较大。明显可以看出，居民和从业者对于未来旅游的期望更高。居民主要期望在经济、社会以及旅游受益方面获得更多的来自旅游的帮助，从业者更希望在资源保护、从业人员和居民的管理上有进一步的发展（表 5-11）。

表 5-11　遗产地旅游发展现状统计指标的人群差异

项　目	旅游者	居民	从业者	极差	差异显著性
保护旅游地的自然资源与环境	4.69	4.78	4.78	0.09	0.025
促进旅游地的经济发展	4.51	4.72	4.7	0.21	0.000

续表

项 目	旅游者	居民	从业者	极差	差异显著性
促进当地社区的发展	4.52	4.67	4.62	0.15	0.001
保护旅游地的文化与传统	4.58	4.69	4.65	0.11	0.023
旅游开发管理经营有秩序,吃住行游购娱设施方便舒适	4.4	4.62	4.72	0.32	0.000
旅游活动以及体验项目丰富多彩,让游客心情愉悦	4.39	4.61	4.6	0.22	0.000
旅游地治安与卫生条件好,让游客感到安全	4.53	4.65	4.65	0.12	0.012
向游客充分展示当地的各种资源,帮助游客学习知识	4.49	4.6	4.58	0.11	0.025
游客爱护环境,尊重当地居民	4.51	4.59	4.59	0.08	0.213
游客关心当地社区的发展	4.4	4.53	4.51	0.13	0.016
应该将旅游的收益更多地用于资源保护	4.54	4.58	4.57	0.04	0.652
应该将旅游的收益更多用于当地社区和居民	4.44	4.62	4.53	0.18	0.000
旅游从业人员友好、诚实	4.46	4.63	4.73	0.27	0.000
当地居民友好,热情淳朴	4.47	4.68	4.66	0.21	0.000

第二节 访谈报告总结

本次调研中所用的座谈会提纲和问卷主要从以下四个板块采集了从业者、游客和当地居民对当地旅游发展以及善行旅游期待的主观评价与意见:

(1) 对本地旅游资源和管理状况的评价;
(2) 对本地旅游发展对当地自然、文化资源保护及社会发展的评价;
(3) 对本地旅游体验的评价;
(4) 对未来旅游发展的期待。

在调研过程中,无论是从业者、居民还是游客,都充分肯定了旅游发展对遗产保护与人的发展的积极作用。这些作用表现为：用旅游经营的收入补充遗产资源保护的开支；通过旅游活动为当地居民创造更多的商机和就业机会；通过旅游发展带动地方发展，创造美好的生活；通过旅游提升公众对遗产的认知程度和对遗产保护的意识，并获得美好的旅行体验。

一、遗产地发展旅游的经验

（一）资源保护经验

（1）由熟悉旅游地科学知识的人管理，有利于资源保护。

（2）提高遗产地管理的行政级别，统筹管理、服务、执法、经营四大系统的管理职能，加大遗产保护力度。

（3）资源保护的经费。目前有两种形式：一种是通过财政拨款的形式，收益收归国有。通过下拨资金，以加强对环境的保护；资金下拨比例和旅游收入相关。一种是寻求民间和非政府组织资金的帮助。

（4）严格进行科学规划，保证旅游开发中对资源的保护。

（二）景区内部管理经验

（1）以事业荣誉感作为景区管理的精神内核，加强内部品牌的建设。

（2）部门间管理权责要明确。在遗产地内部明确部门分工，各部门各司其职。遗产地各管理部门，如规划、建设、民族宗教等各部门通力合作，以委员会委员的形式，共同参与遗产地管理。例如，都江堰-青城山景区由世界遗产管理委员会进行统一协调，各部门之间可以发挥特长，如文化局进行文物讲解的培训和文物保护规划的制定。不同界别和体系的保护资金，分别统一协调。

（3）用经营企业的理念经营遗产地，加强遗产地的宣传。

（4）建立强有力的管理团队。建立多元化管理人才团队，其中包括当地居民、外聘优秀人才，以及特聘外籍专家。

（5）人才的储备。建设职业技术学校，专门培养旅游人才，从高中开始培养志愿者。

（6）人才培养学习与进修。例如，九寨沟管理局每年有专项培训经费，在淡季的时候派人外出培训，学习自然资源保护、旅游、生态等方面的知识，甚至外派人员到发达国家接受培训。

（7）经验交流与输出。与全国各地甚至世界各地的遗产地加强交流合作，互通客源，互相营销与学习管理经验。

（三）景区运营管理经验

（1）标准化。编制一些推荐性的标准，以众多标准体系来促进旅游服务水平的提升。

（2）网格式管理。管理人员将景区细分为网络，实行分区定员管理，一岗多责的机制，由指挥中心积极协调解决网络内问题，由督察小组监督各网络工作。

（3）游客管理。游客和居民的违章管理，主要以教育为主。在减少不文明行为的努力中，以从业者自身的努力，包括洁净的环境以及以身作则来影响游客。优质的环境对游客行为的影响很重要：在优质的环境中，游客会自觉地爱护环境。

（4）导游人员的管理经验。举办讲解员大赛，并定期进行业务知识、文化水平、仪态等培训，提升导游人员水平；明确导游服务的规范和流程；面向社会招聘优秀人才等。

（5）积极引入旅游项目与活动。旅游活动方面积极争取淡旺季发展结合。淡季设计相关活动，吸引游客，确保淡季也能实现经济效益的增长。

（6）积极处理投诉，坚持不断地听取消费者、居民、旅游从业人员等方的相关意见。景区投诉以及景区管理要实现投诉处理满意度100%的目标。

（7）现代信息技术在管理中的运用。加强完善景区人流的时空分流，加强电子监控、数字旅游以及智慧旅游的建设。

（8）加强综合交通规划与管理。通过自动化检测交通流量，采取客流控制；遗产地采用环保的交通系统。

（四）社区以及居民管理经验

（1）区域共管。泰山和九寨沟都采取了遗产内行政与旅游管理合一的体制，在管理力度上更为有效，同时也兼顾到周边社区的发展。

（2）保景富民。通过旅游发展增加地方财政；提高原住民的收入，改善原住民的生活状况；让更多的人意识到自然环境保护的重要性。

(3）协调处理不同区域居民的利益。对于核心区居民给予最低生活保障，并通过门票分红进行补贴。平衡核心区与非核心区居民的利益，使景区内居民有生活保障，景区外居民能有新收益。

（4）搬迁居民政策。在景区外安置居民，除了每个月的补贴外，还有土地补偿等，并且提供旅游业从业机会，以增加居民收入。

（5）加强景区居民集体荣誉感的建设很重要。例如，平遥组织平遥人免费进平遥古城，让百姓了解平遥、热爱家乡。泰山也组织类似的活动，培养当地居民的主人翁意识。

二、遗产地发展旅游的挑战

除问卷之外，调查中还对游客、居民和从业者进行了比较深入的访谈，对于遗产地发展旅游的过程中积累的各种挑战与问题进行了总结。

（一）资源保护的挑战

（1）过多的旅游需求，对环境带来巨大影响和压力。对游客流量等缺乏有效的监控与评估；旅游主要区比较干净，但是一些边缘区卫生环境比较恶劣。

（2）当地文化与传统风俗改变并逐渐消失，传统文化（特别是母语、习俗等）逐步消失。

（3）在征地改建时不注意对历史文物的保护，粗暴地拆迁。

（4）传统工艺无法恢复。

（5）当地独特文化未能充分传递。

（二）内部管理的挑战

（1）旅游人才缺乏。最缺的人才是旅游管理人才、软件人才、营销人才、外语人才（尤其是小语种人才）。如何引进人才、留住人才、用好人才是遗产地管理的难题。因为遗产地处于山区，社会配套如教育、医疗不完善，而面临优秀人才大量流失的困境。

（2）从业者工作负荷与薪酬体系不对等。很多从业者提出不仅应关心当地社区和居民，也应关心旅游业从业人员。从业人员工作负荷大，物价增长而工资和福利待遇却没有增长，福利待遇较差，从业人员的劳动付出与收入所得不成正比，缺乏合理的竞争机制，一线工人如管理处巡山工人工资低，人才流失严重。

（3）管理费用激增。旅游人数大幅增多，旅游管理工作量增大，投入很大。随着保护力度和综合管理力度的加大，管理费用高。管理费用用于何处，不要重复修建和改造是一个重要课题。

（4）各级部门之间分头管理的权属矛盾，致使基层工作人员同样的工作要反复或者重复进行，基层感受到体制的负荷较重。

（5）如何科学地管理，加强科研力量以及科学管理是旅游业管理者面临的一大挑战。

（三）运营管理的挑战

（1）住宿设施、交通设施、卫生设施需要进一步人性化，并提供多样化服务。遗产地开展旅游服务需要配套基本的服务设施，其中包括卫生、餐饮等，并进一步提高质量与多样化水平。例如，九寨沟餐饮集中管理的模式，是适应环境保护的管理模式。然而，具体的运营方式可以更加灵活，以满足多层次的游客需求。

（2）服务人员管理。导游讲解水平需要进一步提高；如何解决"黑导游"和拉客现象问题；工作人员服务态度，特别是体制内员工服务质量的问题，本地居民与游客的差异化管理……均需加强，提出切实可行的举措。例如，在西湖租车，本地居民可直接利用市政公交卡租借，而外地游客需要到指定租借点并交纳200元押金后方可使用；都江堰-青城山景区市民的价格远低于游客的价格。

（3）游客管理。如何满足游客与自然更加亲近的需求，开发更多知识性的亲近自然的项目与线路；导览信息如何传递到游客；游客素质如何提高……众多问题是摆在旅游管理者面前的难题。

（4）合理控制景区人流客流，加大旺季游客疏导。

（5）交通管理。需要快速便捷的交通设施；应加强疏导力度，在节假日经常面临车辆拥堵、车位不够等现象，应加强科学规划。

（6）门票管理。门票价格的定价策略，听证制度需要进一步公开；重复收费的问题应予以解决；相对高端的价格如何体现旅游地的公共性效益问题应给予研究。西湖景区的模式值得推荐,但是推广起来有很大的难度。

(7)旅游项目如何开展。游客和居民都提出要学习海南模式、丽江模式,不要恶性竞争;多点项目,增强自然探索的项目,加大文化挖掘的力度。

(8)信息化技术运用还不够人性化。智能化旅游服务产品应关注人的需求,毕竟与当地服务人员或居民的接触也是旅游过程的一部分,是感受文化气息、民风民俗的重要途径。例如,西湖景区(除雷峰塔等)不售门票,景区内部配有智能游览信息自助服务机器,移动手机用户每到达"西湖十景"中的一个景点便会收到景点介绍的短信,而景区内部游客服务中心位置较偏僻,且无明显标志或指示以至于调查中很多游客不知道服务中心的存在。游客的游览信息更多来源于自己的搜索和获取,与工作人员交流机会少或没有交流。

(四)旅游发展与社区的关系

(1)旅游发展影响了遗产地居民,特别是偏远地区居民的生活方式和文化习俗。例如,在九寨沟沟内藏族居民的生活方式受到冲击,藏文化的汉化现象严重。在泰山,当地原始文化风貌受到很大冲击,甚至有较大改变,民风有恶化的趋向且当地贫富差距加大。

(2)旅游发展对遗产地经济的负面影响不小。当地排外的风气与对既得利益者的管理是个难题;商业竞争激烈,生意难做。

(3)景区原真性问题。由于大量原有居民的迁出和外来人口的涌入,原有的友好氛围改变,居民与游客和其他居民的交流越来越少。例如,九寨沟有6万原住民,有本地户口的居民为8万~9万人,并且当地有2万~3万人的外来人口。如何在人口比例下降的情况下,保持当地的原真性很重要。

(4)居民与遗产地管理者的沟通和理解。管理者就景区管理与居民的沟通、交流不少,但是仍然不能完全得到居民的理解。居民希望管理者能够帮助解决游客和居民间的矛盾,即居民想要吸引更多游客前来的同时,在游客量大的时候仍有幸福感,并仍能感到方便和舒适。居民还希望政府进一步增加对于当地社区的投入。

(5)旅游发展与社区建设不同步的问题。交通等基础设施建设水平相对落后,交通不便;教育、医疗等公共服务水平落后;旅游区建设美观,但城市整体发展一般。

(6) 旅游发展利益分配透明化问题。居民需要将旅游收益分配给居民的部分透明化，居民实际分红应公示；应多建设道路、医院、教育等服务设施；应更多考虑到当地居民的发展。

(7) 遗产地社区发展的问题。居民外迁所引致的劳动力不足，城市化进程与遗产地风貌的关系，以及居民参与旅游业的门槛限制等诸多问题需进一步研究，并提出切实可行的解决方案。

第六章 善行旅游:『天人合一』的旅游伦理

自然遗产是人类的生存依托，文化遗产是人类的精神家园。长期沉淀形成的有独特价值、稀缺、难以替代的遗产旅游资源是旅游业可持续发展的战略基础。目前，全世界共有981处遗产地被列入世界遗产名录，其中包括750处自然遗产、202处文化遗产以及29处文化与自然双重遗产。从各国遗产地数量的排名来看，意大利、中国和西班牙分别以50处、47处和44处位居前三位。当前，在遗产旅游与保护方面面临诸多挑战。国际上，陆地生态系统服务每年损失500亿欧元；加勒比地区珊瑚礁的破坏导致旅游收入下降20%，约每年3亿美元；数百种处方药合成成分的药用植物种类濒临灭绝。在我国，旅游开发导致一些遗产地破坏严重；遗产地门票价格飞涨，导致怨声载道，遗产地居民因发展旅游付出巨大代价；等等。善行旅游是促进人与自然和谐相处，推动遗产保护与旅游健康协调发展的必然选择。

一、善行旅游的核心思想

善行旅游是借鉴传统智慧而适应于当代旅游发展的旅游理念，主要侧重于人与自然之间的和谐与共处、不同文化之间的包容与对话、历史与未来的延续与发展、人在旅游中的思考与成长、人与人之间的平等友善与互助互利。善行旅游的目标是建立人与自然共生共荣的世界，多元和谐的精神家园。

在理念层面，善行旅游崇尚天人合一的理念，主张人类与自然和谐圆融，主张人类在旅游发展中要做到统筹兼顾，协同发展。人类要充分认识人与自然的阴阳平衡与五行相生相克的规律，重视开发与保护的平衡，寻求基于自然与文化的解决方案。

在行为层面，各个遗产旅游利益相关者，应恪守善行行为。善行游客为保护遗产日行一善，乘物游心。善行社区对于遗产保护恪尽职守、守土有责。政府部门应顺应自然，无为而治。旅游业主要取财有道，以义取利，在保护与丰富遗产、促进人类成长中获利。

在技术与方法层面，与时俱进，采用一切先进的技术与方法，如智慧技术、绿色技术，提高遗产保护效率，促进遗产利用效能。

二、善行遗产保护观：基于自然-文化解决方案的圆融遗产保护

善行保护观实质是生态文明观，强调人与自然圆融共存，代表一个地方自然文化基因的地格（Placeality），即一个地方长期形成的生活方式的综合特征得以延续与丰富；生态与文化的多样性进一步丰富，生态的完整性与文化的真实性得到有效的保护，自然与文化获得了进化；人与自然、人与人、人与社会和谐共生、良性循环、全面发展、持续繁荣；人与自然环境的相互依存、相互促进、共处共融，既追求人与生态的和谐，也追求人与人的和谐，而且人与人的和谐是人与自然和谐的前提。

一方面是人与自然的和谐。人要遵循自然规律，顺势而为。为了有效保护与利用遗产资源，国际自然保护联盟（IUCN）倡导基于自然的解决方案（Nature Based Resolutions）。近年来，国际社会先后建立政府间生物多样性与生态系统服务科学-政策平台（Intergovernmental Science-Policy Platform on Biodiversity and Ecosystem Services），里约20国会议（Rio+20 Conference），联合国气候与多样性会议（UN climate and biodiversity meetings）、IUCN世界保护大会（World Conservation Congress）等。具体的措施包括：①保护生物多样性。代表性项目是保护我们的物种（SOS：Save Our Species），全球竞争性保护与恢复生物多样性的项目。②改善气候变化。IUCN提出了到2020年恢复1.5亿公顷退化沙化的土地。鼓励支持恢复红树林、湿地、珊瑚、森林、草场等，减少碳排放，降低温室效应，探究应对气候变化的应对措施。③开辟自然能源。全面可持续能源倡议提出基于自然的现代能源计划，开发太阳、潮汐、水力、生物等可再生能源，提高能源使用效率。④发展生态旅游。鼓励社区参与，发展基于生态的旅游项目，教育旅游者参与生态保护，实现经济发展与遗产保护的协调。

人与自然的和谐，前提是人与人的和谐，要传承而非割裂我们的文化传统，保存我们的文化基因，维系区域地格。文化遗产保护与旅游利用的发展方向是基于文化的解决方案（Culture Based Resolution）。传统的遗产保护与利用侧重于遗产物质与结构，现代方法更重视遗产的杰出普遍价值与文化符号，更多关注遗产地的地格。遗产保护不仅要重视遗产本身，还要关注遗产所在地的历史文化背景。在遗产管理方法上，要有所创新。①采用价值引导

的规划管理（values-led approach to planning）。保护的前提是认识地格的价值、属性、真实性、完整性，还要认识其地方价值与属性。②创立世界遗产城市项目、世界遗产土建项目、现代遗产项目、宗教遗产计划等遗产保护与利用计划。③鼓励基于文化基因的创意旅游活动。通过对非物质文化遗产的活化，形成创意旅游。比如，中国的大型山水实景演出，各类文化旅游街区的开发等，构建文化保护与利用的协同机制。

三、善行遗产管理模式：分类分区分级管理，全过程监管

遗产分类分区分级管理有利于提高保护效率，有助于遗产文化基因独特性的保护。全过程管理可保障遗产保护的效力。

在我国，遗产地一直存在多头管理的问题。遗产地需要借鉴长白山模式，推行遗产资源地行政区域管理主体一体化。针对自然遗产，尤其是珍稀的国家级以上遗产资源在同一管理主体的基础上进行不同行政辖区下的分类管理；针对文化遗产，按照遗产规模的不同进行管理主体一体化基础上的分类管理。探讨分类分级分区管理体制：国家级以上垄断性遗产应该逐步采用中央集权式管理，省市级垄断竞争性遗产则属地化管理与委托企业经营相机抉择，而县级以下的遗产可采用民营化管理。核心是建立遗产旅游资源管理的激励与约束机制。①管理目标重视多目标与多方利益均衡；②构建持久经常的、多方参与的监控机制；③从制度上保证实施"景区游，区外居"的分区管理；④确定合理的产权激励机制，实施业务分类委托：规划保护展示业务委托事业法人管理，旅游服务特许企业法人经营；⑤建立外部输血（基金、捐赠、自愿服务、财政拨款）与内部造血（门票、特许经营等）相结合的财务机制；⑥建立有效的遗产地旅游扶贫机制，促进区域经济发展；⑦在遗产资源开发与保护上，坚持多样性、完整性与真实性原则。

政府对遗产资源的动态监管非常重要。但长期以来监管工作缺乏重点，没有分级导致监管效率低下。为此，政府应该构建分区分级与全过程的政府监管机制。

（1）精确识别遗产保护薄弱地区。采用遥感、GIS 与 GAP 等分析技术，对中国行政区内遗产旅游资源的多度、丰度、保护等级、濒危等级、价值等级、稀有度等级、管理水平等级、投资状况等级等进行分析，建立遗产旅游资源

脆弱性-开发活动危害性评价与匹配模型，制定中国遗产旅游资源脆弱度区划，确定中国遗产旅游资源保护的重点地区与重点类型。根据开发活动的危害性评级确定重点防范的开发方式。

(2) 动态监管遗产管理绩效。为了有效地保护与利用遗产资源，需要建立完善的资源监管机制，从预警、过程控制到回顾协调全过程管理遗产资源：预警管理机制——建立公众参与的影响评价机制；过程监控机制——推广数字化遗产管理；回顾协调机制——实行管理绩效评估与奖惩机制。

四、善行旅游开发机制：统筹兼顾遗产相关者利益

善行旅游开发商要树立"重义轻利"与"以义取利"的义利观；突出重遗产保护与人类成长之大义，轻个人赢利之小利。旅游开发之利应基于遗产保护之义，基于社区发展之义。

(1) 建立保护开发协调机制。选择我国遗产旅游资源开发与保护的案例，进行类型、绩效、运行机制、适用条件与局限等方面的总结，探索遗产旅游与保护协调的典型模式，解决目前普遍面临的保护与开发、政府与市场、商业化与真实性、开发商与社区等二元对立困境。主要举措包括：构建多方参与的利益分配机制，确定合理的产权激励机制，构建持久经常的、多方参与的监控机制，建立中国式的"社区共管"机制与旅游扶贫机制，总结遗产友好型开发模式（生态博物馆模式、文化大舞台模式、景观嘉年华模式），创设自然遗产与文化遗产、物质遗产与非物质遗产之间的互动保护模式，采取非传统的差异化、低成本高效益的游击营销（Guerrilla Marketing）。

(2) 推行本地化。通过聘雇本地居民、建立本地供应链、扶持成立本地企业、支持使用当地提供的服务设施等，确保让当地居民获得更多利益。依托地方艺术、手工艺及所在地原住民遗产发展旅游业，让更多的当地居民受益。

五、善行旅游伦理："向善行善"，协同遗产保护与个人成长

善行旅游者向善行善，与自然为善，与人为善。改变旅游者行为可以很好地保护遗产。气候变化的成本与风险相当于每年全球GDP的20%，而采取行动限制它的成本仅为1%（IUCN，2011）。据有关机构调查发现，34%的旅

游者愿意多付钱住在环境友好的酒店，以及选择可持续的居住方式，50%的国际旅游者愿意多付费以资助社区发展以及自然文化保护；52%的旅游者愿意从那些有书面承诺愿意保护环境支持社区发展的企业定购旅游产品。

"善行旅游"的核心是强调多元化旅游资源对旅游可持续发展的价值、遗产的真实性作为遗产旅游的核心吸引力以及通过倡导善行旅游的理念，通过旅游促进旅行者的人生发展、旅游点社区发展以及旅游从业人员的素质提高。通过提出善行旅游的准则，引导和规范人们的行为，促进遗产保护与旅游开发的协同发展。推行遗产友好型公民行为准则（建设思考型游客、自愿者、捐赠者、传承人、守护者队伍）。鼓励旅游者为遗产保护"日行一善"，加强自律，保护自然生态。在行善中陶冶情操，培养崇尚乐活（LOHAS）、追求真实、自然导向、环境友好的旅游者。树立本地化思想，鼓励生态旅游产业整合性运作以保护及促销有形、无形的文化遗产及现存文化，也保留及颂扬各种不同的文化、社会、宗教及地方精神元素。

善行旅游者在善行旅游过程中实现社交、尊重与自我实现的需求，铸就"和平共处、平等相待、相互宽容、视人如己、慈悲博爱"的品格。

六、善行旅游技术与方法：与时俱进，智能、高效、活化

"工欲善其事，必先利其器"。善行旅游要与时俱进，积极探索新技术与新方法，使管理向高效、智能、活化方向发展，相关技术与方法，如应用保护自然遗产的生态标识、生态足迹管理方法；保护文化遗产的数字遗产管理技术；保护大运河、丝绸之路、长城之类线形遗产的遗产廊道（Heritage Corridor）方法；保护非物质文化遗产的地域性与整体性的文化空间（生态博物馆、民俗村和文化生态保护区）模式。例如，积极探索遗产数字化管理、生态博物馆、遗产廊道等现代遗产管理技术与方法在中国的可行性。活化非物质文化遗产，开辟旅游资源。更新数字景区技术，利用智慧旅游等现代管理技术，促进遗产保护和旅游开发。积极采用绿色技术，提高能源使用效率，减少温室气体排放，促进生态可持续利用。

参考文献

[1] 陈蔚. 我国建筑遗产保护理论和方法研究 [D]. 重庆：重庆大学，2006.

[2] 姜真林. 生态旅游、负责任旅游与低碳旅游辨析 [J]. 江苏科技大学学报：社会科学版，2011，11(3):85-88.

[3] 吕晓斌. 基于产权视角的自然文化遗产保护机制研究 [D]. 北京：中国地质大学，2013.

[4] 冷志明，麻先俊. 我国世界自然遗产的保护与利用 [J]. 经济地理，2009(4):668-672.

[5] 刘中文，高朋钊，张序萍. 国外低碳经济发展的经验及比较 [J]. 企业经济，2011，(3):62-65.

[6] 李华明，张国云. 生态环境可持续发展视野下的世界自然遗产保护策略 [J]. 民族教育研究，2006(2):88-92.

[7] 李华. 近十年国外生态旅游研究状况分析 [J]. 世界地理研究，2009，18(2):111-120.

[8] 李洪波，黄安民. 国外生态旅游研究进展综述 [J]. 襄樊学院学报，2001，22(2):10-15.

[9] 李琳. 佛家环境伦理与生态智慧 [J]. 东岳论丛，2010（7）.

[10] 倪外，曾刚. 国外低碳经济研究动向分析 [J]. 经济地理，2010，30(8):1240-1247.

[11] 彭松乔.《周易》生态美意蕴解读 [J]. 江汉大学学报：人文科学版，2015，24(6).

[12] 尚悦. 国际法视野下的世界文化和自然遗产保护 [D]. 成都：四川大学，2005.

[13] 史晨暄. 世界遗产"突出的普遍价值"评价标准的演变 [D]. 北京：清华大

学，2008.

[14] 谭业. 善行旅游：旅游可持续发展本土化实践的新理念 [J]. 湖南科技大学学报：社会科学版，2013(5).

[15] 陶伟. 中国"世界遗产"的可持续旅游发展研究 [J]. 旅游学刊，2000(5):35-41.

[16] 王星光，贾兵强. 国外历史文化遗产保护机制及其对我国的启示 [J]. 广西民族研究，2008(1):178-185.

[17] 王晓梅，邹统钎，金川. 国外遗产旅游资源管理研究进展 [J]. 资源科学，2013(12):2334-2343.

[18] 王镜. 近年来国内外遗产旅游研究 [J]. 河南科技大学学报：社会科学版，2009(2):64-68.

[19] 王立刚. "三不"政策：土地流转的伦理解读 [J]. 湖南工业大学学报：社会科学版. 2009(6).

[20] 万绪才，朱应皋，丁敏. 国外生态旅游研究进展 [J]. 旅游学刊，2002, 17(2):68-72.

[21] 徐知兰. UNESCO 文化多样性理念对世界遗产体系的影响 [D]. 北京：清华大学，2012.

[22] 熊英姿. 中国传统"天人合一"思想及其当代生态伦理价值 [D]. 武汉理工大学，2006.

[23] 谢园方，赵媛. 国内外低碳旅游研究进展及启示 [J]. 人文地理，2010, (5):27-31.

[24] 杨利丹. 中国遗产旅游研究进展 [J]. 北京第二外国语学院学报，2007(1):9-14.

[25] 杨军辉. 国内外低碳旅游研究述评 [J]. 经济问题探索，2011，(6):112-115.

[26] 张朝枝，保继刚. 国外遗产旅游与遗产管理研究——综述与启示 [J]. 旅游科学，2004(4):7-16.

[27] 张晶. 工业遗产保护性旅游开发研究 [D]. 上海：上海师范大学，2007.

[28] 张帆. "负责任旅游"概念的起源与发展 [J]. 旅游科学，2006, 20(6):9-14.

[29] 张帆. 国外对"负责任旅游"的研究维度述评 [J]. 旅游论坛，2010, 3(5):589-594.

[30] 张晓莉. 孔子义利观及其现代启示 [D]. 山西：山西大学，2008.

[31] 邹统钎，王小方，刘溪宁. 遗产旅游研究进展 [J]. 湖南商学院学报，2009(1):72-76.

[32] 邹芳芳，胡敏杰，邹双全. 善行旅游：森林生态旅游开发的一种良好实践——以福州国家森林公园为例 [J]. 中南林业科技大学学报：社会科学版，2014.2(8).

[33] 郑耀星，叶颖. 人性化理念视角下美丽乡村善行旅游的开发研究 [J]. 湖北农业科学，2014(8).

[34] 郑耀星，阮永明，董厚保. 善行旅游发展的创新策略研究——以湄洲岛为例 [J]. 资源开发与市场，2013(8).

[35] 郑耀星，阮永明，储德平. 善行旅游在生态型森林公园中的良性嫁接与再造——以福州国家森林公园为例 [J]. 资源开发与市场，2014(1).

[36] 钟永德，王怀採，李晶博，等. 国外生态旅游研究新进展 [J]. 旅游论坛，2008(4):130-137.

[37] 朱丽娜（Juliana Forero）. 基于社会文化可持续性的城市历史文化遗产保护研究 [D]. 武汉：华中科技大学，2013.

附 录

附录一 访谈提纲及问卷

附1：景区相关利益者访谈提纲

一、遗产地管理与规划的磋商机制

1. 请提供景区的相关规划文件（环境保护规划、文物保护规划、城市建设规划、旅游发展规划）。

2. 遗产地的旅游发展愿景与未来发展规划是什么？这个愿景是如何形成的？

3. 遗产地的发展规划是怎样提出的？

4. 在遗产地规划过程中，当地社区居民的参与程度如何？他们是通过何种方式进行参与的？

5. 在景区的日常管理中，不同管理部门（环保、文保、建设、规划以及旅游）是如何协调和分工的？

6. 在规划过程中，哪个相关利益方起的作用最为关键？谁负责监测规划的执行情况？

7. 遗产地旅游主管部门为社区居民提供了哪些福利？居民对这些福利的反应如何？

8. 遗产地保护中是否需要搬迁居民？如何处理搬迁居民问题？

二、遗产地旅游接待的挑战与经验

1. 请提供近5年的游客接待数据。

2.景区的淡季与旺季分别是什么时候？是否采取了措施来平衡淡旺季旅游人数？都有哪些措施？当旺季旅游者数量超过最佳接待人数时采取了哪些应急措施？淡季游客数量较低时怎样控制成本？

3.针对团队游、自助游及国际游客等不同类型游客有何种接待方案？这几种类型的游客的典型特征是什么？预计前来景区游览的游客类型与特征会有什么发展趋势？

4.遗产地内的标识设立有什么需要注意的方面？对景区的解说设置有什么独到的经验？

5.主要的投诉意见有哪些？如何处理遗产地的投诉？

6.您觉得遗产地在旅游者管理方面有什么比较好的经验？

7.请提供导览信息包（宣传材料）。

8.遗产地有没有教育项目？是否开展针对学生或者公众的主题游览、讲座等活动？

三、对旅游从业人员的管理与激励体制

1.是否采取了激励措施促进旅游从业人员致力于保护遗产？都有哪些激励机制？怎样评价这些激励措施的实施效果？

2.对各旅游从业人员的管理有何创新之处？

3.对于遗产地违章经营和从事旅游业是如何管理和限制的？

4.您觉得遗产地在旅游从业人员管理方面有哪些比较好的经验？

四、旅游收益与再投资机制

1.现行景区门票价格是如何确定的？确定程序是什么？

2.旅游景点收益分配方案是怎样的？该分配机制是如何确定的？各利益相关方对这种分配方式的满意程度分别是怎样的？

3.请提供旅游收益用于当地遗产保护、旅游新项目开发及社区发展的再投入方案。

五、其他问题

1.您认为现行的景区管理模式是否有效促进了善行旅游项目既定目标的实施？

2.有什么经验可供其他遗产地借鉴？有何不足之处？有无解决方案？

3.遗产地目前有何种合作伙伴？是否与旅行社、门户网站或者大专院校科研机构有合作关系？

4.请提供景区世界遗产申报的相关材料、最突出普遍价值陈述和定期报告。

附2：游客问卷

善行旅游游客调查问卷

尊敬的游客：

您好！欢迎来到本旅游地游览。我们是联合国教科文组织善行旅游项目调研员，正在进行项目的调研工作，内容涉及游客的游览体验。为了搜集到第一手资料，我们恳请您的帮助。问卷结果只用于学术研究，并绝对保密。有您的参与就是对我们的最大帮助，谢谢您的支持！

（一）问卷

1.您对当前游览地的评价（请您根据自己的意见，在所对应的数字上画"√"。）

您觉得您所在的景区是否	非常好	比较好	中立/不知道	比较不好	非常不好
风景优美	5	4	3	2	1
历史文化保存很好	5	4	3	2	1
当地风俗习惯和文化特色保存很好	5	4	3	2	1
旅游项目丰富多样	5	4	3	2	1
导览信息丰富，有帮助	5	4	3	2	1
规划合理，线路设计不重复	5	4	3	2	1
居民热情好客，民风淳朴	5	4	3	2	1
餐饮、住宿、购物、休闲配套业发达，服务完善	5	4	3	2	1
景区内部交通方便	5	4	3	2	1
治安好	5	4	3	2	1
环境卫生好	5	4	3	2	1
门票价格合理	5	4	3	2	1

续表

您觉得您所在的景区是否	非常好	比较好	中立/不知道	比较不好	非常不好
旅游消费物价合理	5	4	3	2	1
工作人员服务态度好	5	4	3	2	1
导游讲解生动，有文化内涵	5	4	3	2	1
合理控制游客数量	5	4	3	2	1
景区所在地区基础设施完备，教育、医疗水平较好	5	4	3	2	1

您觉得当地旅游发展最值得借鉴的经验是 _____。

2. 旅游影响评估

您觉得您所在的旅游地，旅游发展是否存在这些影响	非常赞同	比较赞同	中立/不知道	比较不赞同	非常不赞同
促进了当地的经济发展	5	4	3	2	1
使当地居民收入增加	5	4	3	2	1
保护了当地的文化资源	5	4	3	2	1
促进了文化资源的开发利用	5	4	3	2	1
促进了当地居民了解当地的文化，知识水平提高和思想观念进步	5	4	3	2	1
保护了当地的自然环境和资源	5	4	3	2	1
促进了当地对自然资源的利用	5	4	3	2	1
使当地文化与传统风俗改变并逐渐消失	5	4	3	2	1
使当地物价飞涨	5	4	3	2	1
使得当地居民贫富差距变大	5	4	3	2	1
卫生、交通、治安等公共环境恶化	5	4	3	2	1
增加了噪声，破坏了当地的宁静	5	4	3	2	1
破坏了古朴的民风、邻里关系	5	4	3	2	1

您觉得当地旅游发展最大的影响是 _____。

3. 满意度评估

您对此次旅游是否满意	非常赞同	比较赞同	中立/不知道	比较不赞同	非常不赞同
对本地的资源很满意	5	4	3	2	1
学习和了解到很好的知识	5	4	3	2	1
产生了强烈的文化共鸣与归属感	5	4	3	2	1
对旅游产品和项目满意	5	4	3	2	1
对景区管理满意	5	4	3	2	1
对居民态度满意	5	4	3	2	1
对旅游从业人员服务满意	5	4	3	2	1
此次旅行的花费物有所值	5	4	3	2	1
您愿意重游此地	5	4	3	2	1
您愿意向亲朋好友推荐此地	5	4	3	2	1

您最满意的地方是 _____。
最不满意的地方是 _____。
您对当地的建议和意见是 _____
（备选参考：我支持当地旅游的发展，当地应增加深度文化体验项目，应增加更多自然探索的项目，应该吸引更多的游客，当地旅游开发过度）。

4. 您对未来旅游发展的期望

您觉得好的旅游应该是如何	非常赞同	比较赞同	中立	比较不赞同	非常不赞同
保护旅游地的自然资源与环境	5	4	3	2	1
促进旅游地的经济发展	5	4	3	2	1
促进当地社区社会发展	5	4	3	2	1
保护旅游地的文化与传统	5	4	3	2	1
旅游开发管理经营有秩序，吃住行游购娱设施方便舒适	5	4	3	2	1
旅游活动以及体验项目丰富多彩，让游客心情愉悦	5	4	3	2	1

续表

您觉得好的旅游应该是如何	非常赞同	比较赞同	中立	比较不赞同	非常不赞同
旅游地治安与卫生条件好，让游客感到安全	5	4	3	2	1
向游客充分展示当地的各种资源，帮助游客学习知识	5	4	3	2	1
游客爱护环境，尊重当地居民	5	4	3	2	1
游客关心当地社区的发展	5	4	3	2	1
应该将旅游的收益更多地用于资源保护	5	4	3	2	1
应该将旅游的收益更多地用于当地社区和居民	5	4	3	2	1
旅游从业人员友好、诚实	5	4	3	2	1
当地居民友好，热情淳朴	5	4	3	2	1

您关于未来旅游发展的更多的期待 _____。

（二）个人信息

1. 您此次旅行的目的？（可多选）
   A. 锻炼身体，调节生活规律
   B. 欣赏自然风光，呼吸新鲜空气，亲近自然
   C. 了解生态人文知识，丰富旅行经验
   D. 逃避日常生活或工作，舒缓精神压力
   E. 增加社交机会，与其他游客交流互动
   F. 寻求精神的满足，发现自己，更加了解自己

2. 您在出游前，_____（可多选）
   A. 已对该地的信息了解充分　　B. 不太提前做准备，顺其自然吧
   C. 已做好详细的出游计划　　　D. 不太提前做准备，靠同行的人引导
   E. 不太提前做准备，等导游引导

3. 您获得旅游信息的渠道是：_____（可多选）
   A. 报纸杂志　　B. 互联网：1）门户网站　2）旅游网站　3）景区门户网站
   　　　　　　　　　　　　　　4）微博　　5）其他_____
   C. 亲友推荐　　D. 旅行社推荐　　E. 导游介绍　　F. 其他_____

4. 您在旅行中，通过何种方式或途径感受当地的特有魅力？（可多选）
   A. 通过出游前准备和阅读　　　　　B. 通过景点介绍
   C. 通过和居民的交流　　　　　　　D. 通过参与性和表演性旅游项目
   E. 通过当地导游的讲解
   F. 通过在当地的餐饮、交通和购物等活动
   G. 通过宣传手册　　　　　　　　　H. 其他 _____

5. 您在旅游中倾向于 _____（可多选）
   A. 自助游　　　　　　　　　　　　B. 团队游
   C. 严格按照计划行程　　　　　　　D. 选择当地特色食物
   E. 选择有当地特色酒店　　　　　　F. 喜欢乘坐当地特色交通工具
   G. 在景区里更倾向于步行或骑自行车　H. 参加当地风俗民情表演活动
   I. 参加冒险性、新奇性的活动　　　J. 购买具有当地特色的纪念品
   K. 购物时喜欢讨价还价

6. 您在当地和居民或服务业人员进行了何种交流？（可多选）
   A. 交流当地文化　　　　　　　　　B. 交流当地社会经济发展情况
   C. 关于旅游信息　　　　　　　　　D. 没有交流
   E. 交流外地资讯　　　　　　　　　E. 其他 _____

这些交流对您是否有帮助？您在交流的过程中是否愉快？
_____
_____

7. 您是第几次到此地旅游：1）第一次　　2）第二次　　3）三次以上
8. 性别：1）男　　2）女
9. 年龄：1）19岁以下　　2）20～29岁　　3）30～39岁　　4）40～49岁
   5）50～59岁　　6）60岁以上
10. 家庭状况：1）单身　　2）已婚无子女　　3）已婚，和子女同住
    4）已婚，不和子女同住
11. 文化程度：1）高中以下　　2）高中/中专　　3）大专　　4）本科
    5）本科以上
12. 职业：1）公务员　　2）商务管理人员　　3）专业技术人员　　4）工人
    5）农民　　6）军人　　7）服务和销售人员　　8）教师　　9）学生

10）个体经营者　　11）离退休人员　　12）暂时无业　　13）其他

13. 家庭月收入：1）2000元以下　　2）2000～5000元　　3）5000～8000元
　　4）8000元以上

14. 您此次的出游是：1）长途自助游　　2）短途休闲游　　3）探亲访友
　　4）商务出差　　5）其他

15. 您此次的出游伴侣：1）无　　2）家人　　3）普通朋友或同学或同事
　　4）情侣　　5）其他

16. 您此次出行的消费构成（多选）：1）交通　　2）住宿　　3）饮食
　　4）游览（含门票）　　5）购物　　6）娱乐　　7）其他_____，其中_____比重最大

17. 您在景点的停留时间：1）半天　　2）1天　　3）1天1夜
　　4）2天或以上　　5）常来旅游

18. 您在景点所在乡镇/城市的停留时间：1）半天　　2）1天
　　3）1天1夜　　4）2天或以上

19. 从家到旅游地，您用了多少时间：1）半天之内到达　　2）一天之内到达
　　3）次日到达

问卷结束！谢谢您的填答！对于当地，如您有任何建议，请写于下方：

_____

_____

附3：居民问卷

善行旅游居民调查问卷

尊敬的居民朋友：

　　您好！我们是联合国教科文组织善行旅游项目调研员，正在进行项目的调研工作，目的在于了解当地旅游发展给居民带来的改变和发展。本调查纯属学术研究，答案没有对错优劣之分。我们将为您的回答严格保密。请根据您的真实情况填写。

联合国教科文组织善行旅游项目调研组

（一）问卷

1. 您对当前游览地的评价（请您根据自己的意见，在所对应的数字上画"√"。）

您觉得您所在的景区是否	非常好	比较好	中立/不知道	比较不好	非常不好
风景优美	5	4	3	2	1
历史文化保存很好	5	4	3	2	1
当地风俗习惯和文化特色保存很好	5	4	3	2	1
旅游项目丰富多样	5	4	3	2	1
导览信息丰富，有帮助	5	4	3	2	1
规划合理，线路设计不重复	5	4	3	2	1
居民热情好客，民风淳朴	5	4	3	2	1
餐饮、住宿、购物、休闲配套业发达，服务完善	5	4	3	2	1
景区内部交通方便	5	4	3	2	1
治安好	5	4	3	2	1
环境卫生好	5	4	3	2	1
门票价格合理	5	4	3	2	1
旅游消费物价合理	5	4	3	2	1
工作人员服务态度好	5	4	3	2	1
导游讲解生动，有文化内涵	5	4	3	2	1
合理控制游客数量	5	4	3	2	1
景区所在地区基础设施完备，教育、医疗水平较好	5	4	3	2	1

您觉得当地旅游发展最值得借鉴的经验是 _____。

2. 旅游影响评估（请您根据自己的意见，在所对应的数字上画"√"。）

您觉得您所在的旅游地，旅游发展是否存在这些影响	非常赞同	比较赞同	中立/不知道	比较不赞同	非常不赞同
促进了当地的经济发展	5	4	3	2	1
使当地居民收入增加	5	4	3	2	1
保护了当地的文化资源	5	4	3	2	1
促进了文化资源的开发利用	5	4	3	2	1
促进了当地居民了解当地的文化，知识水平提高和思想观念进步	5	4	3	2	1
保护了当地的自然环境和资源	5	4	3	2	1
促进了当地对自然资源的利用	5	4	3	2	1
使当地文化与传统风俗改变并逐渐消失	5	4	3	2	1
使当地物价飞涨	5	4	3	2	1
使得当地居民贫富差距变大	5	4	3	2	1
卫生、交通、治安等公共环境恶化	5	4	3	2	1
增加了噪声，破坏了当地的宁静	5	4	3	2	1
破坏了古朴的民风、邻里关系	5	4	3	2	1

您觉得当地旅游发展最大的影响是 _____。

3. 满意度评估（请您根据自己的意见，在所对应的数字上画"√"。）

您是否同意以下观点	非常赞同	比较赞同	中立/不知道	比较不赞同	非常不赞同
我对当地旅游发展的现状满意	5	4	3	2	1
旅游发展是当地发展的希望	5	4	3	2	1
旅游发展改善了我的生活状态	5	4	3	2	1
当地应该吸引更多的游客	5	4	3	2	1
我所在的社区应该成为旅游接待点	5	4	3	2	1
我愿意参与到旅游业经营中来	5	4	3	2	1
旅游旺季时我感觉生活更幸福	5	4	3	2	1

您对当地旅游发展最满意的地方是 _____

最不满意的地方是 _____

您对当地的建议和意见? _____

(备选参考:应对居民有经济补偿,应完善道路、医院、教育等服务设施,应更多考虑到当地居民的发展,应吸引更多的游客)

4. 您对未来旅游发展的期望(请您根据自己的意见,在所对应的数字上画"√"。)

您觉得好的旅游应该是如何	非常赞同	比较赞同	中立	比较不赞同	非常不赞同
保护旅游地的自然资源与环境	5	4	3	2	1
促进旅游地的经济发展	5	4	3	2	1
促进当地社区社会发展	5	4	3	2	1
保护旅游地的文化与传统	5	4	3	2	1
旅游开发管理经营有秩序,吃住行游购娱设施方便舒适	5	4	3	2	1
旅游活动以及体验项目丰富多彩,让游客心情愉悦	5	4	3	2	1
旅游地治安与卫生条件好,让游客感到安全	5	4	3	2	1
向游客充分展示当地的各种资源,帮助游客学习知识	5	4	3	2	1
游客爱护环境,尊重地方居民	5	4	3	2	1
游客关心当地社区的发展	5	4	3	2	1
应该将旅游的收益更多地用于资源保护	5	4	3	2	1
应该将旅游的收益更多地用于当地社区和居民	5	4	3	2	1
旅游从业人员友好、诚实	5	4	3	2	1
当地居民友好,热情淳朴	5	4	3	2	1

您关于未来旅游发展的更多的期待 _____

_____。

(二)个人信息

1. 您居住在：A. 旅游核心区　　B. 旅游边缘区　　C. 旅游非核心区
2. 性别：A. 男　　B. 女
3. 年　龄：A. 19岁以下　　B. 20～29岁　　C. 30～39岁　　D. 40～49岁
   E. 50～59岁　　F. 60岁以上
4. 文化程度：A. 高中以下　　B. 高中/中专　　C. 大专
   D. 本科　　E. 本科以上
5. 家庭月收入 1）2000元以下　　2）2000～5000元　　3）5000～8000元
   4）8000元以上
6. 收入来源：A. 种田　　B. 外出打工　　C. 旅店、房屋出租
   D. 饭店、餐馆、农家乐服务　　E. 旅游交通运输　　F. 导游
   G. 旅游管理　　H. 销售旅游商品　　I. 其他
7. 旅游收入占您家庭收入的比重：A. 很少　　B. 一半　　C. 大部分
   D. 全部　　E. 无关
8. 您是以哪种方式参与旅游业的发展？
   A. 开设旅馆　　B. 开设商店　　C. 出租出售房屋　　D. 参与旅游服务
   E. 文明好客　　F. 美化环境
9. 您和游客进行了何种交流？
   A. 交流当地文化　　　　　　B. 交流当地社会发展情况
   C. 咨询外地资讯　　　　　　E. 交流旅游信息
   F. 没有交流　　　　　　　　G. 其他 _____

这些交流对您是否有帮助，您在交流的过程中是否愉快？
_____
_____

问卷结束！谢谢您的填答！对于当地，如您有任何建议，请写于下方：
_____
_____

附 4：从业者问卷

善行旅游从业者调查问卷

尊敬的遗产地管理/从业人员：

您好！我们是联合国教科文组织善行旅游项目调研员，正在进行项目的调研工作，目的在于了解当地旅游发展给遗产地带来的改变和成长。本调查纯属学术研究，答案没有对错优劣之分。我们将为您的回答严格保密。请根据您的真实情况填写。

联合国教科文组织善行旅游项目调研组

（一）问卷

1. 您对当前游览地的评价（请您根据自己的意见，在所对应的数字上画"√"。）

您觉得您所在的景区是否	非常好	比较好	中立/不知道	比较不好	非常不好
风景优美	5	4	3	2	1
历史文化保存很好	5	4	3	2	1
当地风俗习惯和文化特色保存很好	5	4	3	2	1
旅游项目丰富多样	5	4	3	2	1
导览信息丰富，有帮助	5	4	3	2	1
规划合理，线路设计不重复	5	4	3	2	1
居民热情好客，民风淳朴	5	4	3	2	1
餐饮、住宿、购物、休闲配套业发达，服务完善	5	4	3	2	1
景区内部交通方便	5	4	3	2	1
治安好	5	4	3	2	1
环境卫生好	5	4	3	2	1
门票价格合理	5	4	3	2	1
旅游消费物价合理	5	4	3	2	1
工作人员服务态度好	5	4	3	2	1
导游讲解生动，有文化内涵	5	4	3	2	1

续表

您觉得您所在的景区是否	非常好	比较好	中立/不知道	比较不好	非常不好
合理控制游客数量	5	4	3	2	1
景区所在地区基础设施完备,教育、医疗水平较好	5	4	3	2	1

您觉得当地旅游发展最值得借鉴的经验是 _____
_____。

2. 旅游影响评估(请您根据自己的意见,在所对应的数字上画"√"。)

您觉得您所在的旅游地,旅游发展是否存在这些影响	非常赞同	比较赞同	中立/不知道	比较不赞同	非常不赞同
促进了当地的经济发展	5	4	3	2	1
使当地居民收入增加	5	4	3	2	1
保护了当地的文化资源	5	4	3	2	1
促进了文化资源的开发利用	5	4	3	2	1
促进了当地居民了解当地的文化,知识水平提高和思想观念进步	5	4	3	2	1
保护了当地的自然环境和资源	5	4	3	2	1
促进了当地对自然资源的利用	5	4	3	2	1
使当地文化与传统风俗改变并逐渐消失	5	4	3	2	1
使当地物价飞涨	5	4	3	2	1
使得当地居民贫富差距变大	5	4	3	2	1
卫生、交通、治安等公共环境恶化	5	4	3	2	1
增加了噪声,破坏了当地的宁静	5	4	3	2	1
破坏了古朴的民风、邻里关系	5	4	3	2	1

您觉得当地旅游发展最大的影响是 _____。

3. 满意度评估

您是否同意以下观点	非常赞同	比较赞同	中立/不知道	比较不赞同	非常不赞同
当地整体经营管理较好	5	4	3	2	1
当地应该开发更多的旅游项目	5	4	3	2	1
有效管理使得发展旅游的同时也保护了当地的资源	5	4	3	2	1
有效管理使得当地居民以及游客都从旅游中获益	5	4	3	2	1
当地需要进一步提高管理水平	5	4	3	2	1
当地需要限制旺季游客数量	5	4	3	2	1
当地管理需要更多专业人才	5	4	3	2	1
我很热爱我的工作	5	4	3	2	1
我的工作帮助很多人了解到我所在的遗产地	5	4	3	2	1
我对目前的薪酬水平满意	5	4	3	2	1
我的收入和我付出的努力挂钩，多劳多得	5	4	3	2	1
在工作中我经常能够参加培训，学到新的知识	5	4	3	2	1
我对于当地的了解越多，我的工作机会越多	5	4	3	2	1
我希望进一步学习旅游相关知识	5	4	3	2	1
我愿意更多地参与到旅游业经营管理中来	5	4	3	2	1
我愿意长期在旅游业工作	5	4	3	2	1

您对当地旅游发展最满意的地方是 _____。
最不满意的地方是 _____。
您对当地的建议和意见? _____
(备选参考：我对当地旅游发展的现状满意，应该吸引更多的游客，旅游业是当地发展的希望，我支持当地旅游的发展）

4.您对未来旅游发展的期望(请您根据自己的意见,在所对应的数字上画"√"。)

您觉得好的旅游应该是如何	非常赞同	比较赞同	中立	比较不赞同	非常不赞同
保护旅游地的自然资源与环境	5	4	3	2	1
促进旅游地的经济发展	5	4	3	2	1
促进当地社区的发展	5	4	3	2	1
保护旅游地的文化与传统	5	4	3	2	1
旅游开发管理经营有秩序,吃住行游购娱设施方便舒适	5	4	3	2	1
旅游活动以及体验项目丰富多彩,让游客心情愉悦	5	4	3	2	1
旅游地治安与卫生条件好,让游客感到安全	5	4	3	2	1
向游客充分展示当地的各种资源,帮助游客学习知识	5	4	3	2	1
游客爱护环境,尊重地方居民	5	4	3	2	1
游客关心当地社区的发展	5	4	3	2	1
应该将旅游的收益更多地用于资源保护	5	4	3	2	1
应该将旅游的收益更多地用于当地社区和居民	5	4	3	2	1
旅游从业人员友好、诚实	5	4	3	2	1
当地居民友好,热情淳朴	5	4	3	2	1

您关于未来旅游发展的更多的期待 _____。

(二)个人信息

1.性别:A.男　　B.女
2.年龄:A.19岁以下　　B.20～29岁　　C.30～39岁　　D.40～49岁

E. 50～59 岁　　F. 60 岁以上

3. 文化程度：A. 高中以下　　B 高中/中专　　C. 大专　　D. 本科
D. 本科以上

4. 月收入情况：A. 500 元以下　　B. 500～1000 元　　C. 1000～3000 元
D. 3000～5000 元　　E. 5000 元以上

5. 您从事旅游行业的时间：A. 1 年以下　　B. 1～3 年　　C. 3～5 年
D. 5 年以上

6. 您在本单位工作的年限：A. 半年以下　　B. 0.5～1 年　　C. 1～3 年
D. 3～5 年　　E. 5 年以上

7. 您在旅游管理中主要的工作性质？
A. 总负责人　　　　　　　　B. 部门经理
C. 普通员工　　　　　　　　D. 实习员工
E. 其他 _____

8. 您任职的部门？
A. 办公室　　　　　　　　　B. 后勤部门
C. 财务部门　　　　　　　　D. 规划建设部门
E. 科研部门　　　　　　　　F. 游客中心
G. 法规部门　　　　　　　　H. 营销策划部门
I. 接待部门　　　　　　　　J. 环保部门
K. 其他 _____

问卷结束！谢谢您的填答！对于当地，如您有任何建议，请写于下方：
_____
_____

附录二　善行旅游导则

一、善行旅游的提出

旅游业是世界上规模最大、最具影响力和最具发展潜力的产业之一。当前全球旅游收入已占全球生产总值的9%，全球每11个就业岗位中就有1个来自旅游业（世界旅游组织数据）。旅游业在促进经济发展、文化交流、环境保护、协调人际关系等方面的作用日益显著。联合国相关机构多次强调指出，发展旅游业是促进发展中国家实现千年发展目标的最为有效的途径之一。

但是，旅游业的发展也带来一些必须正视的紧迫问题，其突出表现在如下几个方面：

第一，对自然与文化遗产的破坏。在旅游开发过程中，许多地方尤其是发展中国家和地区，自然环境和生态系统正面临着威胁，甚至遭受严重的破坏；同时，许多文化系统遭到扭曲或破坏，其真实性丧失、完整性破缺和多样性流失。

第二，对人的发展的负面影响。在旅游活动中，道德意识松弛，法律观念淡薄，奢靡风气、傲慢态度、颓丧情状以及纵欲倾向时有存在，频频发生，许多地方的旅游业还伴随着色情、毒品、赌博、酗酒等恶劣现象。故而我们必须强化反思意识，严肃思考旅游业的文化功能与人文使命：旅游究竟在人的发展方面发挥了怎样的作用，又应当承担起怎样的文化使命？

联合国教科文组织已制定了数个国际公约与准则，但它们未能有效应对和解决上述日益紧迫的问题。在全球经济一体化和文化多元化的背景下，"生态旅游""负责任旅游""可持续旅游""低碳旅游"等已成为业界的基本共识。但是，囿于认知视野，受制于实践惯性，上述这些理念的践行还相当不足，尚不能有效地解决上述紧迫问题。

从古老东方的智慧看来，尤其是从中国文化的尚美智慧来看，人与自然之间存在着生命的连续关系，天人源于一体，亦归于一体，人与天之间的物质、能量和信息交换的理想状态乃是"天人相调""人天相亲",并最后指向"天人合一"的终极境界。旅游作为学科,其特色在于学宗博雅,境融知行。所以,"行万里路,读万卷书",以及"会万方人",旅游在本质上的确是认识世界、修行自我以及建构人文世界的重要实践活动之一。

自2011年起,联合国教科文组织与来自中国旅游界的研究者和管理者协同商议,立意从中国的传统哲学和文化实践中寻找解决问题的思想和方法。2011年4月,亚太旅游协会首次提出"善行旅游"的概念。同年,联合国教科文组织在中国海南呀诺达雨林文化旅游区正式启动了"善行旅游"研究计划。"善行旅游"理念由此应运而生,且具有丰厚的文化蕴含,以及强烈的问题导向性。

二、善行旅游的定义

善行旅游,是基于"天人合一"理念的旅游行为准则,主张在旅游中切实保护遗产的真实性、完整性与多样性,并协调天人关系,实现人自身的全面发展,其目标是建立共生共荣的自然世界与多元和谐的精神家园。

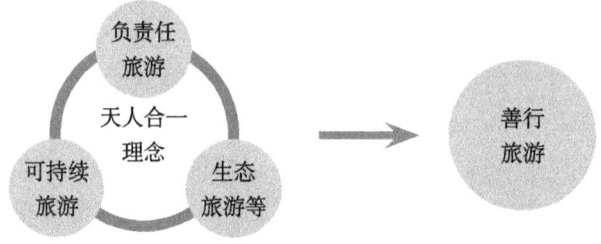

善行旅游的定义

(1) 在理念层面。善行旅游景仰"天人合一"的境界,向往人类与自然和谐圆融,主张人类在旅游发展中要做到统筹兼顾,协同发展。人类要充分认识人与自然的阴阳平衡与五行相生相克的规律,重视旅游开发与遗产保护的动态平衡。善行旅游在根本上就是将善性观念转化为善行,将善行融入旅游实践,通过旅游来更好地保护和利用自然,完善和绵延文化遗产,建立和呵护和而不同的人际关系。

(2) 在行为层面。善行旅游主张遗产旅游的各利益相关者恪守善行旅准则。游客为保护遗产日行一善,乘物游心,止于至善。社区对遗产保护恪尽职守,守土有责。政府部门应师法自然,无为而治。旅游业主在旅游开发中要取财有道,以义取利,在保护遗产与促进人类全面发展中获利。

(3)在技术与方法层面。善行旅游提倡与时俱进,采用智慧技术、伦理技术、绿色技术等先进技术与方法,以提高遗产保护效率,促进遗产利用效能,更有效地促进人类成长。

善行旅游始于所有参与者的"善念",又实践于各方的"善举"。通过游客旅游过程中的"日行一善"与"知行合一"、社区居民的"守土有责"、经营者的"以义取利",以及政府的"师法自然"与"无为而治"的"善举",最终实现遗产的真实性、完整性与多样性,开启人类优美的灵魂,养育人类健康的精神,让人人具有敬畏之意、感恩之心、博爱之情、悲悯之愿,并在情理兼容而知行合一的旅游实践中让"仁心"开出奇花,结出善果。

善行旅游的逻辑过程

三、善行旅游的愿景

善行旅游促成"善世"。善行旅游的目标是建立共生共荣的自然世界与多元和谐的精神家园,实现人天相调、天人相亲的世界和谐图景。善行旅游将社会平等、经济公平、文化和谐、环境永续视作人类共同的目标和愿景,通过引导各方保护、利用和享受我们的自然和文化遗产,从而为所有人带来可持续的、长久的利益。塑造今日旅游精品,为子孙后代、为长远的未来创造文化遗产,促进自然与文化遗产的多样化。

善行旅游培养"善人"。善行旅游鼓励公民遗产友善行为,鼓励各利益相关者成为遗产的守护者、创造者与受益者。善行旅游者在善行旅游过程中铸就"和平共处、平等相待、相互宽容、视人如己、慈悲博爱"的品格,从安乐、经解脱、到觉悟递级升华,将旅游的利益共同体转化为文化命运共同体。

善行旅游促成善世与善人相调相顺,美人之美,美美与共,天下大同。

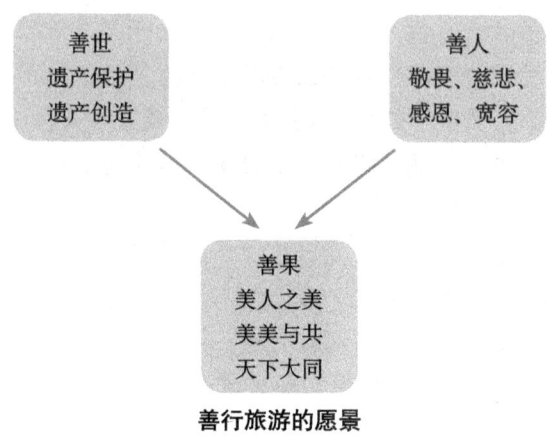

善行旅游的愿景

四、善行旅游的原则

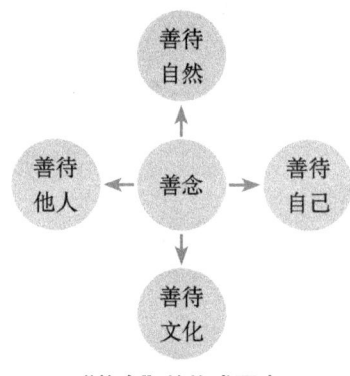

"善念"的构成要素

1. 善待自然原则

一切旅游活动均应以尊重自然为前提。人类无一时一刻不依赖于大自然的保护和馈赠。为了人类生存繁衍,任何旅游活动均不得以局部和短期利益破坏自然之永续。

一切旅游活动均应以最大限度地依循自然面貌和规律为准则,"无为而治"。旅游活动不应随意改变自然中之土壤、岩石、森林、草地、沙地、河流、湿地、海岸、动物等于亿万年中业已形成的基本面貌。

旅游以增进人与自然的和谐关系为价目表。我们倡导"师法自然",通过旅游活动使人们更多地与自然对话，从自然中学习，在自然中享受，在自然中成长。我们赞同已有的生态旅游、低碳出行，以及可持续旅游的行为模式。

2. 善待文化原则

一切旅游活动中均应奉行文化平等的原则。尊重不同的信仰、理念、风俗和生活方式，尊重人类在数百万年历史中发展出的丰富的文化与精神财富。旅游活动中不应持有文化偏见，不应敌视、贬低和侵犯他族文化传统，不应将文化作为一般商品换取短期和局部利益。

一切旅游活动中均应切实保护文化遗产。不同地方人们所创造出的文化遗产，既有其历史价值，又赋存了人类未来进步的财富，应有意识地保护文化的真实性、完整性、多样性。坚决抵制破坏和篡改文化遗产。

旅游应发挥文化交流和促进作用。倡导通过旅游学习和享用多样的文化，倡导通过旅游增进世界人民的相互理解、交流、学习与合作。

3. 善待他人原则

一切旅游活动均应奉行人人平等的原则。主人和客人之间应平等相待，并遵循基本的主客关系准则。游客不应侵犯主人的信仰、习惯和隐私，以及对自己生活的主导权。

一切旅游活动应倡导更加友好、谦逊、善良的旅游行为。旅游者和相关利益各方均不应以伤害他人利益为代价去获得利益。应倡导通过旅游促进人们之间的交流与合作，"三人行，必有我师焉"，旅游应为人们创造更多的知识和乐趣，也带来更多的发展资源和机会。

4. 善待自己原则

一切旅游活动应将促进人的发展作为旅游活动最重要的功能和目的之一加以认识、宣传并切实为之努力。欲获真理，须"知行合一""行万里路，读万卷书"。旅行是人们调整身心的休闲行为，亦是获得智慧的一种重要途径，更是东方智慧烛照下的重要修行形式。应倡导人们通过旅游获得健康、快乐、智慧，实现旅游者自身的发展和成长，进而促进人类的进步。

一切旅游应在人的全面发展中发挥积极作用。应教育和鼓励人们在旅游活动中，听从内心"天使"的召唤，在善行旅游中获得心灵的安静、慰藉和升华。我们提倡简朴、内省、慎独，反对奢靡和纵欲。鼓励旅游者为世界"日行一善"，修养自我，善待他人，善待世界。

因利益驱使，挥霍、色情、赌博、酗酒、暴力、吸毒等现象在旅游活动中往往更加突出，甚至在局部地方得到认可和保护，但这恰是善行旅游所鲜明反对的，应通过教育、宣传、自律、立法等方式尽一切可能加以抑制和规训。

五、善行旅游多方综合管理框架

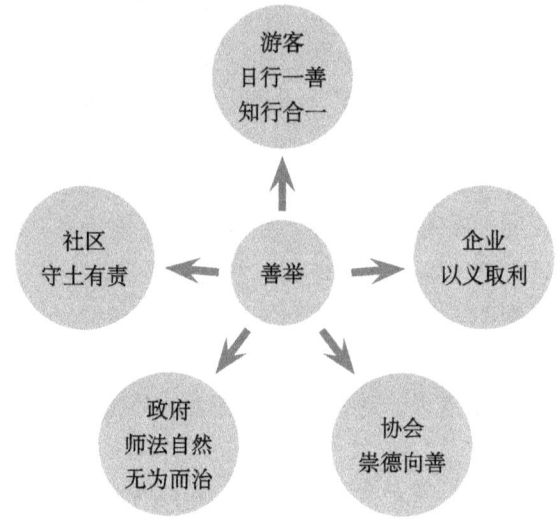

善行旅游利益相关者行为准则

1. 游客

（1）对自然和文化遗产怀有敬畏感，规避旅游本身对自然、社会和文化所产生的负面行为和有害倾向，把保护自然及人文环境和造福当地人作为旅游者的职责；

（2）以开放、尊重与包容心态对待不同的文化，遵守当地的法律和风俗，通过公平交易、合理消费来拉动当地经济发展；

（3）把认知和修行看作是旅游的目的之一，反对低俗的旅游需求，注重旅游带来的心灵感受与自我提升。

2. 居民

（1）强化地方责任意识，以主人翁的态度主动保护本地的自然和文化遗产；

（2）积极主动与游客及他人沟通，促进本地遗产价值的传播与认同；

（3）提高文化自信和自适能力，自觉传承本地传统文化并包容外来文化；

（4）主动接受教育与培训，提升个人素质以及从旅游发展中获益的能力。

3. 企业

（1）保护性地开发与利用自然和文化遗产，不以牺牲旅游地的生态与文化为盈利代价；

（2）带动地方社区致富，促进旅游地的社区发展与社会和谐，实现多方共赢；

（3）提供基于生态理念、低碳技术和互联网技术的产品与服务，为游客提供积极、丰富的旅游体验；

（4）主动接受政府和大众监督，按照法律和道德准则生产旅游产品和组织旅游活动；建设以人为本的学习创新型团队，通过生态与文化公益活动促进企业员工的个人成长。

4. 政府

（1）对自然遗产与文化遗产制定相应的保护政策，顺应自然，最大程度上减少人类活动对遗产本体与环境的干扰；

（2）制定相应的法规、政策、行业发展规划等具体措施，调控利益主体，吸引全社会广泛地投入到善行旅游活动中来；

（3）积极转变政府职能，扮演沟通、引导、营销、服务、监督等角色，强调服务型政府，进行善行旅游的资源优化配置和宏观调控，探索适应当地社区的有效治理方式。

5. 行业组织

（1）参与制定、修改完善、宣传推广、组织实施善行旅游标准和善行旅游发展规划，助力保护自然与文化遗产；

（2）开展行业调查研究，掌握行业动态，向政府组织反映行业、企业诉求，提出有关善行旅游发展政策和立法方面的意见和建议；

（3）建立和完善善行旅游自我约束机制，结合行业实际，开展善行旅游培训、政策咨询、认证服务、评比活动。

后　记

"善行旅游"的概念于2011年4月首度提出,"善行"二字回应了佛教与儒家文化对人关于"善"的教化,为这个提法赋予了中国文化的特色。本书在项目调研的基础上,就如何基于中国的实际情况,对善行旅游作出界定并提出可行的指导原则,从而引导旅游地规划者、管理者、经营者、当地社区、游客以及其他旅游利益相关者把"善行旅游"所涵盖的核心思想转化成他们日常的工作、生活与行为,促进旅游业的可持续发展。

本书由邹统钎拟定大纲,统一组织编写,邹统钎、江璐虹负责统稿和文字编辑。具体分工为:第一章,邹统钎、黄琳琳;第二章,邹统钎、蔡锐;第三章,钟栎娜、王欣、郝玉兰;第四章,钟栎娜、王晓梅;第五章,邹统钎、王晓梅;第六章,邹统钎、郝玉兰、江璐虹。

北京第二外国语学院邹统钎、钟栎娜、王欣、唐承财、崔莉、厉新建、刘宵泉、李志、李宏、魏翔、欧海鹰老师参与项目调研,钟栎娜、王晓梅负责遗产地调研的实施过程。本书稿的调研和编写工作得到联合国教科文组织驻华代表处杜晓帆、卡贝丝、李江萍等的支持。

本书的部分调研成果得到联合国教科文组织项目——善行旅游准则[UNESCO-Good Tourism-Effective Approaches to Enhance Heritage and Human Development（2011-2014）]的指导。

本书得到以下项目和机构的支持:北京市教育委员会2014年长城学者培养计划项目《中国遗产保护与旅游开发协调机制》(CIT&TCD20130302);北京市教育委员会2013年度创新能力提升计划项目（人文社科艺术类TJSHS201310031011）北京旅游形象国际整合营销与创新传播战略研究（2013-2015年）;北京社会科学基金基地项目"一带一路"背景下京津冀旅游一体化战略研究（编号:15JDJGA006）和中国"一带一路"战略研究院、北京第二外国语学院遗产旅游研究中心。

邹统钎
2015年8月15日于北京市朝阳区定福景园
E-mail:zoutongqian@bisu.edu.cn